お仕事さくいん

動物にかかわるお仕事

はじめに

皆さんは、世の中にどんなお仕事があるか知っていますか？
また、すでにやりたいお仕事が決まっている方もいるかもしれませんね。
この本では、獣医や動物園の飼育員など動物にかかわるお仕事について幅広く集めて、そのお仕事の説明やどのようなお仕事なのかについて知ることができる本を紹介しています。
タイトルにある「さくいん」とは、知りたいものを探すための入り口のことです。
本のリストから、興味のあるものや、図書館で見つけたものを選んで、「なりたい」仕事を考えるヒントにしてください。
皆さんがこの本を通じて、さまざまな仕事の世界に触れ、未来への第一歩を踏み出すお手伝いができることを願っています。

DBジャパン編集部

この本の使い方

お仕事の名前や、動物にかかわる知識の名前です。

1 動物にかかわる仕事

動物看護師

獣医の仕事を助けるお仕事です。動物の病気やけがを治すために、獣医と一緒に働きます。例えば、診察の準備をしたり、手術のときに道具を渡したり、薬をあげたりします。また、入院している動物の世話をし、ごはんをあげたり、傷の手当てをしたりもします。動物だけでなく、飼い主に病気のことを説明したり、不安をやわらげたりするのも大切な仕事です。動物看護師になるには、専門の学校で勉強し、試験に合格する必要があります。動物の健康を守る、大切な役割を持つ仕事です。

お仕事のことや、知識、場所についての説明です。

▶お仕事について詳しく知るには
「新13歳のハローワーク」村上龍著;はまのゆか絵 幻冬舎 2010年3月【学習支援本】
「動物看護師になるには 改訂版-なるにはBOOKS；90」井上こみち著 ぺりかん社 2017年4月【学習支援本】
「こども手に職図鑑：AIに取って代わられない仕事100：一生モノの職業が一目でわかるマップ付」子供の科学と手に職図鑑編集委員会編 誠文堂新光社 2020年11月【学習支援本】

▶お仕事の様子をお話で読むには
「高遠動物病院へようこそ！3」谷崎泉著 KADOKAWA（富士見L文庫） 2020年10月【ライトノベル・ライト文芸】
「あやかし動物病院の診察カルテ [3]」一文字鈴夜 マイナビ出版（ファン文庫） 2020年11月【ライトノベル・ライト文芸】

そのお仕事について書かれた本に、どのようなものがあるのかを紹介しています。

そのお仕事の様子が物語で読める本に、どのようなものがあるのかを紹介しています。

本の情報の見方は次のとおりです。
「本の名前/書いた人や作った人の名前/出版社/出版された年月【本の種類】」

この本は、動物にかかわる主なお仕事を紹介していますが、全部の種類のお仕事が入っているわけではありません。また、本のリストもすべてのお仕事に入っているわけではありません。

目次
もくじ

1 動物にかかわる仕事
どうぶつ　　　　　　しごと

獣医、獣医師 ——————————————— 10
じゅうい　じゅういし

動物看護師 ————————————————— 14
どうぶつかんごし

動物病院 —————————————————— 15
どうぶつびょういん

動物理学療法士 —————————————— 16
どうぶつりがくりょうほうし

動物園飼育員 ——————————————— 17
どうぶつえんしいくいん

アニマルトレーナー、調教師 ——————— 20
ちょうきょうし

水族館飼育員 ——————————————— 21
すいぞくかんしいくいん

ドッグトレーナー ————————————— 23

ドルフィントレーナー ——————————— 24

ハンドラー ———————————————— 25

動物園、サファリパーク —————————— 26
どうぶつえん

水族館 ——————————————————— 30
すいぞくかん

騎手 ———————————————————— 36
きしゅ

競馬調教師 ————————————————— 37
けいばちょうきょうし

乗馬インストラクター ——————————— 38
じょうば

装蹄師 ——————————————————— 38
そうていし

警察犬訓練士、警察犬指導士 ——————— 39
けいさつけんくんれんし　けいさつけんしどうし

盲導犬訓練士、聴導犬訓練士、介助犬訓練士 — 40
もうどうけんくんれんし　ちょうどうけんくんれんし　かいじょけんくんれんし

災害救助犬訓練士 ————————————— 41
さいがいきゅうじょけんくんれんし

4

生物学者 ——————————————————— 42

標本士 ————————————————————— 43

動物学者 ——————————————————— 44

昆虫学者 ——————————————————— 45

生物教師 ——————————————————— 45

ブリーダー ————————————————— 46

メダカ養殖業者 ———————————————— 47

ペットフード開発 ——————————————— 47

ペットシッター ———————————————— 48

トリマー、ペットスタイリスト ——————— 49

ペット服デザイナー —————————————— 50

アニマルカフェスタッフ ———————————— 51

ペットショップ ———————————————— 52

ペットホテル ————————————————— 53

アクアリウムデザイナー ———————————— 54

アニマルセラピスト —————————————— 55

アニマルケアセンター ————————————— 55

実験動物技術者 ———————————————— 56

動物保護施設 ————————————————— 57

動物保護団体職員 ——————————————— 58

牧場 ————————————————————— 59

2 人のくらしにかかわる動物の仕事

酪農家 ——————————————————— 62

養豚所 ——————————————————— 63

養鶏所 ——————————————————— 64

畜産業 ——————————————————— 64

養蜂家 ——————————————————— 66

養蚕農家 —————————————————— 67

鷹匠 ———————————————————— 67

猟師 ———————————————————— 68

漁師 ———————————————————— 69

海女、海士 ————————————————— 71

漁業 ———————————————————— 72

養殖業 ——————————————————— 75

3 動物にかかわる知識

動物学 ——————————————————— 78

動物生態学、動物行動学 ——————————— 79

動物生理学、動物形態学 ——————————— 80

水産学 ——————————————————— 82

屠畜 ———————————————————— 83

アニマルコミュニケーション ————————— 84

アニマルウェルフェア ———————————————— 87

動物保護 ————————————————————— 88

動物愛護 ————————————————————— 98

動物福祉 ————————————————————— 99

スマート農業 ———————————————————— 100

スマート水産業 ——————————————————— 101

動物に かかわる仕事

1 動物にかかわる仕事

獣医、獣医師

動物のお医者さんで、犬や猫などのペットはもちろん、牛や馬、鳥や魚など、さまざまな動物の病気を治し、健康を守る仕事です。人間と同じように、動物もけがをしたり病気になったりするので、獣医が診察や手術をして助けます。また、動物園や牧場、水族館で働く獣医もいて、動物が元気に過ごせるように環境を整えたり、予防接種をするなど家畜の健康をチェックする仕事もあります。動物の命を助けたり、元気になったペットの姿を見た飼い主にも感謝されたりするやりがいのある仕事です。

▶お仕事について詳しく知るには

「しごとば 続」 鈴木のりたけ作　ブロンズ新社　2010年1月【学習支援本】

「仕事ってなんだろう?」 大原興三郎著　講談社　2010年3月【学習支援本】

「新13歳のハローワーク」 村上龍著;はまのゆか絵　幻冬舎　2010年3月【学習支援本】

「チンパンジーキキの冒険旅行」 神戸俊平作;いのうえたかこ絵　講談社（講談社青い鳥文庫）　2010年7月【学習支援本】

「野鳥もネコもすくいたい!：小笠原のノラネコ引っこし大作戦―動物感動ノンフィクション」 高橋うらら文・写真;永吉カヨ絵;小笠原自然文化研究所;東京都獣医師会監修　学研教育出版　2011年7月【学習支援本】

「どうぶつのお医者さんになりたい!：たのしい遊びと学びがいっぱい」 ヴァレリー・ヴィドさく;塩見明子訳;坂東元監修　世界文化社　2011年11月【学習支援本】

「感動する仕事!泣ける仕事!：お仕事熱血ストーリー 第2期 4 (この瞬間、救える命があるのなら…)」 日本児童文芸家協会編集　学研教育出版　2012年2月【学習支援本】

「みんなどきどき動物園 キリン、ゾウ、コアラほか―飼育員さんひみつおしえて!」 横浜市立動物園監修;アドベンチャーワールド監修;松橋利光写真;池田菜津美文　新日本出版社　2013年3月【学習支援本】

「みんなどきどき動物園 ライオン、パンダ、サルほか―飼育員さんひみつおしえて!」 横浜市立動物園監修;アドベンチャーワールド監修;松橋利光写真;池田菜津美文　新日本出版社

2013年3月【学習支援本】

「犬のハナコのおいしゃさん—知ることって、たのしい!;1」 今西乃子文;浜田一男写真 WAVE出版 2013年3月【学習支援本】

「走る動物病院」 佐和みずえ著;佐藤まり子イラスト 汐文社 2013年6月【学習支援本】

「キタキツネの十二か月:わたしのキツネ学・半世紀の足跡」 竹田津実著 福音館書店 2013年9月【学習支援本】

「水族館のひみつ:おどろきのしくみから飼育係の仕事まで—楽しい調べ学習シリーズ」 新野大著 PHP研究所 2013年11月【学習支援本】

「ヤマネとどうぶつのおいしゃさん:ほんとうにあったお話」 多賀ユミコ著 垂井日之出印刷所出版事業部 2014年1月【学習支援本】

「ワン!ツーステップ:もう一度、歩こう!犬のリハビリトレーナー—フレーベル館ジュニア・ノンフィクション」 あんずゆき文 フレーベル館 2014年2月【学習支援本】

「職場体験学習に行ってきました。:中学生が本物の「仕事」をやってみた! 10」 全国中学校進路指導連絡協議会監修 学研教育出版 2014年2月【学習支援本】

「牧場・農場で働く人たち:しごとの現場としくみがわかる!—しごと場見学!」 大浦佳代著 ぺりかん社 2014年12月【学習支援本】

「エゾリス—北国からの動物記;8」 竹田津実文・写真 アリス館 2015年6月【学習支援本】

「未来のお仕事入門 = MANGA FUTURE CAREER PRIMER—学研まんが入門シリーズ」 東園子まんが 学研教育出版 2015年8月【学習支援本】

「キャリア教育支援ガイドお仕事ナビ 6」 お仕事ナビ編集室著 理論社 2015年9月【学習支援本】

「生き物と向き合う仕事」 田向健一著 筑摩書房(ちくまプリマー新書) 2016年2月【学習支援本】

「空から見ててね:いのちをすくう"供血猫"ばた子の物語」 はせがわまみ写真・文 集英社(集英社みらい文庫) 2016年3月【学習支援本】

「見たい!知りたい!たくさんの仕事 1」 こどもくらぶ編 WAVE出版 2016年3月【学習支援本】

「学校犬バディが教えてくれたこと」 吉田太郎著 金の星社 2016年9月【学習支援本】

「ウィニー:「プーさん」になったクマ」 サリー・M・ウォーカー原作;ジョナサン・D・ヴォス絵;さくまゆみこ訳 汐文社 2016年10月【学習支援本】

「夜やってくる動物のお医者さん—フレーベル館ジュニア・ノンフィクション」 高橋うらら文 フレーベル館 2016年11月【学習支援本】

「感動のおしごとストーリー:開け!夢へのトビラ さくら色の章—キラかわ★ガール」 ナツメ社 2017年1月【学習支援本】

「命の意味命のしるし—世の中への扉」 上橋菜穂子著;齊藤慶輔著 講談社 2017年1月【学習支援本】

1 動物にかかわる仕事

「どうぶつ園のじゅうい [1]」 植田美弥監修　金の星社　2017年2月【学習支援本】

「獣医師の一日―医療・福祉の仕事見る知るシリーズ：10代の君の「知りたい」に答えます」 WILLこども知育研究所編著　保育社　2017年2月【学習支援本】

「どうぶつ園のじゅうい [2]」 植田美弥監修　金の星社　2017年3月【学習支援本】

「どうぶつ園のじゅうい [3]」 植田美弥監修　金の星社　2017年3月【学習支援本】

「ミラクルかがやけ☆まんが!お仕事ガール」 ドリームワーク調査会編著　西東社　2017年4月【学習支援本】

「珍獣ドクターのドタバタ診察日記：動物の命に「まった」なし!―ポプラ社ノンフィクション；28.動物」 田向健一著　ポプラ社　2017年8月【学習支援本】

「ツシマヤマネコ飼育員物語：動物園から野生復帰をめざして」 キムファン著　くもん出版　2017年10月【学習支援本】

「すくすく育て!子ダヌキポンタ：小さな命が教えてくれたこと―動物感動ノンフィクション」 佐和みずえ文；有田公生写真；サカイノビー絵　学研プラス　2017年12月【学習支援本】

「ときめきハッピーおしごと事典スペシャル―キラかわ★ガール」 おしごとガール研究会著　ナツメ社　2017年12月【学習支援本】

「ぼくはネコのお医者さん：ネコ専門病院の日々」 東多江子文　講談社（講談社青い鳥文庫）　2018年2月【学習支援本】

「NHKプロフェッショナル仕事の流儀 4」 NHK「プロフェッショナル」制作班編　ポプラ社　2018年4月【学習支援本】

「キャリア教育に活きる!仕事ファイル：センパイに聞く 11」 小峰書店編集部編著　小峰書店　2018年4月【学習支援本】

「獣医師になるには―なるにはBOOKS」 井上こみち著　ぺりかん社　2018年5月【学習支援本】

「キタリス・ウーと森のお医者さん」 竹田津実文；写真；瀬川尚志絵　PHP研究所（PHP心のノンフィクション）　2018年11月【学習支援本】

「子ねこリレー大作戦：小さな命のバトンをつなげ!」 今西乃子著；浜田一男写真　合同出版　2018年12月【学習支援本】

「災害にあったペットを救え：獣医師チームVMAT―ノンフィクション・いまを変えるチカラ」 高橋うらら著　小峰書店　2019年3月【学習支援本】

「竜之介先生、走る!：熊本地震で人とペットを救った動物病院―動物」 片野ゆか作；高倉陽樹絵　ポプラ社（ポプラ社ノンフィクション）　2019年4月【学習支援本】

「大人になったらしたい仕事：「好き」を仕事にした35人の先輩たち 3」 朝日中高生新聞編集部編著　朝日学生新聞社　2019年8月【学習支援本】

「捨て犬・未来とどうぶつのお医者さん―ノンフィクション・生きるチカラ；26」 今西乃子著；浜田一男写真　岩崎書店　2019年9月【学習支援本】

「獣医さんが教える動物園のないしょ話」 北澤功原案；犬養ヒロまんが　ぶんか社　2019年

11月【学習支援本】

「命のものさし：動物の命・人間の命・わたしの命」　今西乃子著;浜田一男写真　合同出版
2019年11月【学習支援本】

「調べてまとめる!仕事のくふう 3」　岡田博元監修　ポプラ社　2020年4月【学習支援本】

「クジラをめぐる冒険：ナゾだらけの生態から対立する捕鯨問題まで」　石川創著　旬報社
2020年11月【学習支援本】

「こども手に職図鑑：AIに取って代わられない仕事100：一生モノの職業が一目でわかるマップ付」　子供の科学と手に職図鑑編集委員会編　誠文堂新光社　2020年11月【学習支援本】

「動物の仕事をするには? 図書館版―マンガでわかるあこがれのお仕事」　さがわゆめこイラスト;てるてる法師マンガ　金の星社　2021年1月【学習支援本】

「動物の仕事をするには?―マンガでわかるあこがれのお仕事」　さがわゆめこイラスト;てるてる法師マンガ　金の星社　2021年6月【学習支援本】

「夜の獣医さん：往診専門の動物病院」　高橋うらら文　講談社（講談社青い鳥文庫）　2021年6月【学習支援本】

「ドラえもん探究ワールド動物園のなぞ―ビッグ・コロタン；193」　藤子・F・不二雄まんが;藤子プロ監修;村田浩一監修　小学館　2021年7月【学習支援本】

▶ お仕事の様子をお話で読むには

「さくらい動物病院の不思議な獣医さん 6」　竹村優希著　双葉社（双葉文庫）　2020年12月【ライトノベル・ライト文芸】

「見守るもの―千蔵呪物目録；3」　佐藤さくら著　東京創元社（創元推理文庫）　2021年4月【ライトノベル・ライト文芸】

1 動物にかかわる仕事

動物看護師

獣医の仕事を助けるお仕事です。動物の病気やけがを治すために、獣医と一緒に働きます。例えば、診察の準備をしたり、手術のときに道具を渡したり、薬をあげたりします。また、入院している動物の世話をし、ごはんをあげたり、傷の手当てをしたりもします。動物だけでなく、飼い主に病気のことを説明したり、不安をやわらげたりするのも大切な仕事です。動物看護師になるには、専門の学校で勉強し、試験に合格する必要があります。動物の健康を守る、大切な役割を持つ仕事です。

▶お仕事について詳しく知るには

「新13歳のハローワーク」 村上龍著;はまのゆか絵 幻冬舎 2010年3月【学習支援本】

「動物看護師になるには 改訂版—なるにはBOOKS；90」 井上こみち著 ぺりかん社 2017年4月【学習支援本】

「こども手に職図鑑：AIに取って代わられない仕事100：一生モノの職業が一目でわかるマップ付」 子供の科学と手に職図鑑編集委員会編 誠文堂新光社 2020年11月【学習支援本】

▶お仕事の様子をお話で読むには

「高遠動物病院へようこそ！3」 谷崎泉著 KADOKAWA（富士見L文庫） 2020年10月【ライトノベル・ライト文芸】

「あやかし動物病院の診察カルテ [3]」 一文字鈴著 マイナビ出版（ファン文庫） 2020年11月【ライトノベル・ライト文芸】

動物病院
どうぶつびょういん

病気やけがをした動物を治す仕事をします。動物のお医者さんである「獣医師」が、診察をして、薬を出したり手術をしたりします。犬や猫だけでなく、ウサギや鳥、ハムスターなど、小さな動物も診てもらえます。また、「動物看護師」という仕事の人がいて、獣医師を助けたり、動物のお世話をしたりします。入院している動物にエサをあげ、体調を見守るのも大切な仕事です。動物病院の仕事をするには、動物の病気や体のしくみをしっかり学ぶ必要があります。

▶お仕事について詳しく知るには

「犬のハナコのおいしゃさん―知ることって、たのしい！；1」 今西乃子文;浜田一男写真　WAVE出版　2013年3月【学習支援本】

「社会科見学に役立つわたしたちのくらしとまちのしごと場 4」 ニシ工芸児童教育研究所編　金の星社　2013年3月【学習支援本】

「走る動物病院」 佐和みずえ著;佐藤まり子イラスト　汐文社　2013年6月【学習支援本】

「空から見ててね：いのちをすくう"供血猫"ばた子の物語」 はせがわみみ写真・文　集英社（集英社みらい文庫）　2016年3月【学習支援本】

「小説ゆずのどうぶつカルテ：こちらわんニャンどうぶつ病院 5」 伊藤みんご原作・絵;辻みゆき文　講談社（講談社青い鳥文庫）　2020年5月【学習支援本】

「こちら、まほろば動物病院」 鷲塚貞長著　つちや書店　2020年11月【学習支援本】

「小説ゆずのどうぶつカルテ：こちらわんニャンどうぶつ病院 7」 伊藤みんご原作・絵;辻みゆき文　講談社（講談社青い鳥文庫）　2020年12月【学習支援本】

「夜の獣医さん：往診専門の動物病院」 高橋うらら文　講談社（講談社青い鳥文庫）　2021年6月【学習支援本】

▶お仕事の様子をお話で読むには

「花咲くシンデレラ」 真船るのあ著　集英社（コバルト文庫）　2013年3月【ライトノベル・

1 動物にかかわる仕事

> 【ライト文芸】
> 「ガーデン・オブ・フェアリーテイル:造園家と緑を枯らす少女」 東堂燦著 集英社(集英社オレンジ文庫) 2018年8月【ライトノベル・ライト文芸】

動物理学療法士(どうぶつりがくりょうほうし)

けがや病気で体が思うように動かせなくなった動物を助けるお仕事です。人間の理学療法士がリハビリ(回復のお手伝い)をするように、犬や猫、馬などの動物に特別な運動やマッサージ、水中での歩行練習などを行い、元気に動けるようサポートします。例えば、足をけがした犬がまた走れるようにするためにやさしく体をほぐしたり、筋力をつける運動を手伝ったりします。動物とふれ合いながら、動物たちの健康を取り戻すお手伝いをする、やりがいのある仕事です。

動物園飼育員

動物園で暮らす動物たちのお世話をするお仕事です。毎日エサをあげたり、動物たちの健康をチェックしたり、きれいな環境を保つために掃除をしたりします。動物が元気に過ごせるように、運動のための工夫をしたり、病気にならないように獣医と協力することもあります。また、お客様に動物について説明し、興味を持ってもらうことも大切な仕事です。動物が好きな人にとって、とてもやりがいがあり、大切な役割を持つお仕事です。

▶お仕事について詳しく知るには

「感動する仕事!泣ける仕事!:お仕事熱血ストーリー3(使命感を持って自然と向き合う)」 学研教育出版　2010年2月【学習支援本】

「動物の死は、かなしい?:元動物園飼育係が伝える命のはなし―14歳の世渡り術」　あべ弘士著　河出書房新社　2010年8月【学習支援本】

「人に育てられたシロクマ・ピース:we love peace 新版―動物感動ノンフィクション」　高市敦広語り　学研パブリッシング　2011年6月【学習支援本】

「パンダもの知り大図鑑:飼育からわかるパンダの科学―子供の科学・サイエンスブックス」　倉持浩著　誠文堂新光社　2011年8月【学習支援本】

「ホッキョクグマの赤ちゃんを育てる!:円山動物園のねがい―ポプラ社ノンフィクション;11」　高橋うらら著　ポプラ社　2012年7月【学習支援本】

「みんなどきどき動物園 ライオン、パンダ、サルほか―飼育員さんひみつおしえて!」　横浜市立動物園監修;アドベンチャーワールド監修;松橋利光写真;池田菜津美文　新日本出版社　2013年3月【学習支援本】

「動物園のひみつ:展示の工夫から飼育員の仕事まで―楽しい調べ学習シリーズ」　森由民著　PHP研究所　2014年2月【学習支援本】

「せかいでいちばん手がかかるゾウ」　井の頭自然文化園ぶん;北村直子え　教育評論社　2014年4月【学習支援本】

「パンダのひみつ―飼育員さんおしえて!」　松橋利光写真;池田菜津美文　新日本出版社　2014年5月【学習支援本】

「ゾウのひみつ―飼育員さんおしえて!」　松橋利光写真;池田菜津美文　新日本出版社

1 動物にかかわる仕事

2014年7月【学習支援本】

「ライオンのひみつ─飼育員さんおしえて!」 松橋利光写真;池田菜津美文 新日本出版社 2014年9月【学習支援本】

「動物のおじいさん、動物のおばあさん」 高岡昌江文 学研教育出版 2014年9月【学習支援本】

「キリンのひみつ─飼育員さんおしえて!」 松橋利光写真;池田菜津美文 新日本出版社 2014年10月【学習支援本】

「アドベンチャーワールドパンダをふやせ!─このプロジェクトを追え!」 深光富士男文 佼成出版社 2015年1月【学習支援本】

「ナイトサファリのサバイバル：生き残り作戦 1─かがくるBOOK. 科学漫画サバイバルシリーズ」 ゴムドリco.文;韓賢東絵;HANA韓国語教育研究会訳 朝日新聞出版 2015年6月【学習支援本】

「未来のお仕事入門 = MANGA FUTURE CAREER PRIMER─学研まんが入門シリーズ」 東園子まんが 学研教育出版 2015年8月【学習支援本】

「キャリア教育支援ガイドお仕事ナビ 6」 お仕事ナビ編集室著 理論社 2015年9月【学習支援本】

「ナイトサファリのサバイバル：生き残り作戦 2─かがくるBOOK. 科学漫画サバイバルシリーズ」 ゴムドリco.文;韓賢東絵;HANA韓国語教育研究会訳 朝日新聞出版 2015年10月【学習支援本】

「ライオンのおじいさん、イルカのおばあさん：動物のおじいさん、動物のおばあさん」 高岡昌江文;篠崎三朗絵 学研プラス 2016年9月【学習支援本】

「動物園・赤ちゃん誕生物語」 粟生こずえ著;東武動物公園監修 集英社（集英社みらい文庫） 2016年12月【学習支援本】

「動物園飼育員・水族館飼育員になるには─なるにはBOOKS；92」 高岡昌江著 ぺりかん社 2017年1月【学習支援本】

「こんにちはふたごのカワウソあかちゃん：ツメナシカワウソの成長物語─動物感動ノンフィクション」 横山亜未文 学研プラス 2017年7月【学習支援本】

「世界一のパンダファミリー：和歌山「アドベンチャーワールド」のパンダの大家族」 神戸万知文・写真 講談社（講談社青い鳥文庫） 2017年7月【学習支援本】

「ツシマヤマネコ飼育員物語：動物園から野生復帰をめざして」 キムファン著 くもん出版 2017年10月【学習支援本】

「ときめきハッピーおしごと事典スペシャル─キラかわ★ガール」 おしごとガール研究会著 ナツメ社 2017年12月【学習支援本】

「キャリア教育に活きる!仕事ファイル：センパイに聞く 11」 小峰書店編集部編著 小峰書店 2018年4月【学習支援本】

「シャンシャンと上野動物園パンダ物語」 高橋うらら文;土居利光監修 フレーベル館（フレーベル館ジュニア・ノンフィクション） 2018年7月【学習支援本】

「奇跡のパンダファミリー：愛と涙の子育て物語」 NHKスペシャル取材班著 小学館（小学館ジュニア文庫） 2018年8月【学習支援本】

「旭山動物園ARどうぶつ図鑑：飼育員さんが教えてくれた"とっておきの話" 第2版」 旭川市旭山動物園監修 東京書籍 2018年11月【学習支援本】

「密着!お仕事24時 5」 高山リョウ構成・文 岩崎書店 2019年2月【学習支援本】

「めくって学べるしごと図鑑」 BOOSUKAイラスト 学研プラス 2020年5月【学習支援本】

「動物の仕事をするには? 図書館版―マンガでわかるあこがれのお仕事」 さがわゆめこイラスト;てるてる法師マンガ 金の星社 2021年1月【学習支援本】

「ゴリラのきずな：京都市動物園のゴリラファミリー観察記」 長尾充徳著 くもん出版 2021年6月【学習支援本】

「動物の仕事をするには?―マンガでわかるあこがれのお仕事」 さがわゆめこイラスト;てるてる法師マンガ 金の星社 2021年6月【学習支援本】

「ドラえもん探究ワールド動物園のなぞ―ビッグ・コロタン；193」 藤子・F・不二雄まんが;藤子プロ監修;村田浩一監修 小学館 2021年7月【学習支援本】

▶ お仕事の様子をお話で読むには

「ブラック・ジャック白いライオン：アニメ版」 手塚治虫原作;藤田晋一文 金の星社 2010年1月【児童文学】

「いっぽんくんのひとりごと―アイウエ動物園；5」 角野栄子文;にしかわおさむ絵 クレヨンハウス 2010年7月【児童文学】

「動物園ものがたり」 山田由香作;高野文子絵 くもん出版 2010年7月【児童文学】

「ゾウのいない動物園：上野動物園ジョン、トンキー、花子の物語」 岩貞るみこ作;真斗絵 講談社（講談社青い鳥文庫） 2010年8月【児童文学】

「童話のどうぶつえん」 漆原智良文;いしいつとむ絵 アリス館 2011年9月【児童文学】

「ゾウのはな子：だからココにいるんだよ」 上田学園学園生文;小高俊彦絵;成島悦雄監修 ぶんしん出版 2014年1月【児童文学】

「しあわせな動物園」 井上夕香作;葉祥明絵 国土社 2014年4月【児童文学】

「大好きな動物たちのハッピーストーリー：キミがいるから、心がほんわかあったかい!―キラかわ★ガール」 ナツメ社 2016年3月【児童文学】

「シャンシャンと上野動物園パンダ物語―フレーベル館ジュニア・ノンフィクション」 高橋うらら文;土居利光監修 フレーベル館 2018年7月【児童文学】

「パンダのシャンシャン日記：どうぶつの飼育員さんになりたい!」 万里アンナ作;ものゆう絵 KADOKAWA（角川つばさ文庫） 2018年8月【児童文学】

「まよなかのくしゃみたいかい 新装版―とっておきのどうわ」 中村翔子作;荒井良二絵 PHP研究所 2019年11月【児童文学】

1 動物にかかわる仕事

「午後からはワニ日和」 似鳥鶏著 文藝春秋(文春文庫) 2012年3月【ライトノベル・ライト文芸】

「ダチョウは軽車両に該当します」 似鳥鶏著 文藝春秋(文春文庫) 2013年6月【ライトノベル・ライト文芸】

「キーパーズ：碧山動物園日誌」 美奈川護著 アスキー・メディアワークス(メディアワークス文庫) 2013年8月【ライトノベル・ライト文芸】

「坂上動物園のシロクマ係：当園は、雨男お断り」 結城敦子著 マイナビ出版(ファン文庫) 2016年7月【ライトノベル・ライト文芸】

「市立ノアの方舟：崖っぷち動物園の挑戦」 佐藤青南著 祥伝社(祥伝社文庫) 2019年6月【ライトノベル・ライト文芸】

アニマルトレーナー、調教師

動物にさまざまなことを教えるお仕事で、動物園、水族館、テーマパーク、ペットのしつけ教室、映画やテレビの撮影現場などで働きます。犬や馬、イルカなどの動物が、人の指示を聞いて行動できるようにトレーニングします。例えば、警察犬や盲導犬（目の不自由な人を助ける犬）を育てたり、サーカスや映画で活躍する動物に技を教えたりします。動物が楽しく学べるように工夫しながらトレーニングを行い、人と動物がもっと仲良くなれるようにする、大切でやりがいのあるお仕事です。

▶お仕事について詳しく知るには

「ぼくはアニマルトレーナー――ポプラ社ノンフィクション；7」 宮沢厚著 ポプラ社 2011年7月【学習支援本】

水族館飼育員
すいぞくかん し いくいん

水族館で暮らす魚やイルカ、ペンギンなどの海の生き物のお世話をするお仕事です。毎日エサをあげたり、水槽を掃除して水をきれいに保ったり、生き物たちが元気に過ごせるように環境を整えたりします。また、病気やけがをしないように健康をチェックし、必要があれば獣医と協力して治療をすることもあります。イルカのショーやペンギンのお散歩をサポートし、お客様に生き物のすばらしさを伝えるのも大切な仕事です。水族館飼育員は、海の生き物とふれ合いながら、たくさんの人に喜びを届けます。

▶お仕事について詳しく知るには

「職場体験完全ガイド 28」 広沢大之助文 ポプラ社 2012年3月【学習支援本】

「みんなわくわく水族館 海の動物いっぱい編―飼育員さんひみつおしえて!」 竹嶋徹夫監修;松橋利光写真;池田菜津美文 新日本出版社 2012年8月【学習支援本】

「ペンギン、長崎の海を飛ぶ!―フレーベル館ジュニア・ノンフィクション」 あんずゆき文 フレーベル館 2012年10月【学習支援本】

「すべてバッチリ!!ワクワクお仕事ナビ―ピチ・レモンブックス」 ピチレモンブックス編集部編 学研教育出版 2012年12月【学習支援本】

「ラッコのひみつ―飼育員さんおしえて!」 松橋利光写真;池田菜津美文 新日本出版社 2015年1月【学習支援本】

「キャリア教育支援ガイドお仕事ナビ 6」 お仕事ナビ編集室著 理論社 2015年9月【学習支援本】

「びっくり!マグロ大百科―世の中への扉」 葛西臨海水族園クロマグロ飼育チーム著 講談社 2016年11月【学習支援本】

「動物園飼育員・水族館飼育員になるには―なるにはBOOKS;92」 高岡昌江著 ぺりかん社 2017年1月【学習支援本】

「のんびりジュゴン―しってる?水族館のにんきもの;1」 松橋利光文・写真 アリス館 2017年5月【学習支援本】

「かまってシロイルカ―しってる?水族館のにんきもの;2」 松橋利光文・写真 アリス館

1 動物にかかわる仕事

2017年7月【学習支援本】

「大人になったらしたい仕事：「好き」を仕事にした35人の先輩たち」 朝日中高生新聞編集部編著 朝日学生新聞社 2017年9月【学習支援本】

「水族館へ行こう！：おもしろいきものポケット図鑑」 月刊アクアライフ編集部編 エムピージェー 2018年1月【学習支援本】

「キャリア教育に活きる！仕事ファイル：センパイに聞く 11」 小峰書店編集部編著 小峰書店 2018年4月【学習支援本】

「ザ・裏方：キャリア教育に役立つ！1 フレーベル館 2018年11月【学習支援本】

「恋するペンギン：水族館でくらすドリーとぱく」 村越未來作;山本春菜画 長崎文献社（長崎文献社絵物語シリーズ ） 2019年12月【学習支援本】

「水族館のサバイバル：生き残り作戦 1」 ゴムドリco.文;韓賢東絵;HANA韓国語教育研究会訳 朝日新聞出版（かがくるBOOK. 科学漫画サバイバルシリーズ） 2020年7月【学習支援本】

「わたしはスナメリ：小さなイルカ」 松橋利光写真・文 新日本出版社 2021年4月【学習支援本】

「水族館：いきものとひとのいちにち」 ほりかわあやこさく 福音館書店 2021年7月【学習支援本】

··

▶お仕事の様子をお話で読むには

「ハセイルカのハルカが泳いだ日―いのちいきいきシリーズ」 麻生かづこ作;ミヤハラヨウコ絵 佼成出版社 2013年6月【児童文学】

「水族館ガール」 木宮条太郎著 実業之日本社（実業之日本社文庫） 2014年6月【ライトノベル・ライト文芸】

「水族館ガール 2」 木宮条太郎著 実業之日本社（実業之日本社文庫） 2015年7月【ライトノベル・ライト文芸】

「水族館ガール 3」 木宮条太郎著 実業之日本社（実業之日本社文庫） 2016年7月【ライトノベル・ライト文芸】

「水族館ガール 4」 木宮条太郎著 実業之日本社（実業之日本社文庫） 2017年7月【ライトノベル・ライト文芸】

「水族館ガール 5」 木宮条太郎著 実業之日本社（実業之日本社文庫） 2018年7月【ライトノベル・ライト文芸】

「水族館ガール 6」 木宮条太郎著 実業之日本社（実業之日本社文庫） 2019年7月【ライトノベル・ライト文芸】

「水族館ガール 7」 木宮条太郎著 実業之日本社（実業之日本社文庫） 2020年7月【ライトノベル・ライト文芸】

「水族館ガール 8」 木宮条太郎著 実業之日本社（実業之日本社文庫） 2021年7月【ライトノベル・ライト文芸】

ドッグトレーナー

犬が人と楽しく暮らせるようにしつけやトレーニングをするお仕事です。例えば、「おすわり」や「待て」などの基本的な指示を教えたり、無駄吠えやかみぐせを直したりします。また、盲導犬や警察犬のように、人の役に立つ仕事をする犬を育てることもあります。犬の気持ちをよく理解し、ほめたり工夫したりしながら、楽しく学べるようにすることが大切です。犬と飼い主の絆を深め、よりよい関係を作るお手伝いをする、大切でやりがいのあるお仕事です。

▶お仕事について詳しく知るには

「すべてバッチリ!!ワクワクお仕事ナビ―ピチ・レモンブックス」 ピチレモンブックス編集部編　学研教育出版　2012年12月【学習支援本】

「犬と人をつなぐ：ドッグトレーナー宮忠臣―ヒューマンノンフィクション」　井上こみち文；ミヤハラヨウコ絵　学研教育出版　2013年3月【学習支援本】

「ドッグトレーナー・犬の訓練士になるには―なるにはBOOKS；91」　井上こみち著　ぺりかん社　2016年8月【学習支援本】

▶お仕事の様子をお話で読むには

「トイプー警察犬メグレ」　七尾与史著　講談社（講談社タイガ）　2016年2月【ライトノベル・ライト文芸】

「トイプー警察犬メグレ [2]」　七尾与史著　講談社（講談社タイガ）　2016年9月【ライトノベル・ライト文芸】

「しつけ屋美月の事件手帖：その飼い主、取扱い注意!?」　相戸結衣著　マイナビ出版（ファン文庫）　2017年2月【ライトノベル・ライト文芸】

「誘拐犯はカラスが知っている：天才動物行動学者白井旗男」　浅暮三文著　新潮社（新潮文庫）　2018年3月【ライトノベル・ライト文芸】

1 動物にかかわる仕事

ドルフィントレーナー

水族館で、イルカのお世話やトレーニングをするお仕事です。イルカが健康に過ごせるように、エサをあげたり、水槽をきれいにしたり、病気にならないように健康チェックをしたりします。そして、イルカが楽しくトレーニングできるように工夫しながら、合図を出してジャンプや回転などの技を教えます。イルカショーでは、お客様にイルカのすごさやかわいさを伝える役割も担っています。イルカと信頼関係を築きながら、一緒に成長していく、やりがいのあるお仕事です。

▶お仕事の様子をお話で読むには

「職場体験完全ガイド 28」 広沢大之助文 ポプラ社 2012年3月【学習支援本】

「イルカのひみつ―飼育員さんおしえて!」 松橋利光写真;池田菜津美文 新日本出版社 2014年11月【学習支援本】

▶お仕事の様子をお話で読むには

「ドルフィン・デイズ!」 旭晴人著 KADOKAWA(角川文庫) 2018年4月【ライトノベル・ライト文芸】

ハンドラー

犬や馬などの動物を上手に扱い、大会やショーで最高のパフォーマンスを引き出すお仕事です。例えば、ドッグショーでは、犬が美しく歩いたり、元気よく見えたりするようにリードを持って歩かせます。また、警察犬や災害救助犬のハンドラーは、犬とペアになって訓練をしたり、実際の現場で指示を出したりします。動物の性格や特長をよく理解し、信頼関係を作ることがとても大切です。動物とチームになって、一緒に活躍するやりがいのある仕事です。

▶お仕事について詳しく知るには

「新13歳のハローワーク」 村上龍著;はまのゆか絵　幻冬舎　2010年3月【学習支援本】

「宇宙環境動物のしごと：人気の職業早わかり！」 PHP研究所編　PHP研究所　2010年12月【学習支援本】

「はたらく地雷探知犬」 大塚敦子文・写真　講談社（講談社青い鳥文庫）　2011年7月【学習支援本】

「とらわれの野生：動物園のあり方を考える」 ロブ・レイドロー著;山﨑恵子監修;甲賀珠紀訳　リベルタ出版　2014年8月【学習支援本】

「現場で働く人たち：現場写真がいっぱい 2」 こどもくらぶ編・著　あすなろ書房　2015年10月【学習支援本】

「もしも病院に犬がいたら：こども病院ではたらく犬、ベイリー」 岩貞るみこ作　講談社（講談社青い鳥文庫）　2017年3月【学習支援本】

「ずっとずっと、ともだちだよ…：病院勤務犬・ミカの物語—ノンフィクション・生きるチカラ；25」 若月としこ著　岩崎書店　2019年8月【学習支援本】

「クマが出た！助けてベアドッグ：クマ対策犬のすごい能力」 太田京子著　岩崎書店　2021年9月【学習支援本】

▶お仕事の様子をお話で読むには

「めざせ、和牛日本一！」 堀米薫著　くもん出版　2018年11月【児童文学】

1 動物にかかわる仕事

動物園、サファリパーク

さまざまな動物が暮らしていて、そのお世話をする人たちが働いています。飼育員は、動物のエサをあげたり、健康をチェックしたり、すみかをきれいにしたりします。動物たちが元気に過ごせるように、習性や好きな環境をよく知ることが大切です。サファリパークでは、ライオンやキリンなどをできるだけ自然に近い環境で育てます。車に乗ったお客様が間近で見られるように、安全にも気をつけながら動物を管理します。動物を守り、大切にする気持ちを広める役割もあります。

▶お仕事について詳しく知るには

「動物 増補改訂版—学研の図鑑：新・ポケット版；3」 学研教育出版 2010年4月【学習支援本】

「あさひやま動物記 1 (オオカミの森とホッキョクグマ@旭山動物園)」 小菅正夫作;秋草愛絵;今津秀邦写真 角川書店(角川つばさ文庫) 2010年6月【学習支援本】

「わたしの見たかわいそうなゾウ：平和を考える」 澤田喜子著 今人舎 2010年9月【学習支援本】

「ほんとのおおきさ・なかよし動物園」 尾崎たまき写真;柏原晃夫絵;高岡昌江文;小宮輝之監修 学研教育出版 2011年3月【学習支援本】

「あさひやま動物記 2 (カバのカップルと夢みるゾウの群れ)」 小菅正夫作;秋草愛絵 角川書店(角川つばさ文庫) 2011年5月【学習支援本】

「ひとことパンダ：リーリーとシンシンat上野動物園」 アーチパブリケイションズ著;恩賜上野動物園監修 朝日新聞出版 2011年8月【学習支援本】

「ひめちゃんとふたりのおかあさん：人間に育てられた子ゾウ」フレーベル館ジュニア・ノンフィクション」 森由民文 フレーベル館 2011年10月【学習支援本】

「かいてぬってどうぶつえんらくがきちょう」 有沢重雄ぶん;福武忍え;小宮輝之かんしゅう アリス館 2011年11月【学習支援本】

「パンダ100—講談社のアルバムシリーズ．どうぶつアルバム；5」 小宮輝之写真・監修;グループ・コロンブス構成 講談社 2011年12月【学習支援本】

「ほんとのおおきさ特別編元気です!東北の動物たち」 尾崎たまき写真;柏原晃夫絵;高岡昌江文;小宮輝之監修 学研教育出版 2012年2月【学習支援本】

「ホッキョクグマの赤ちゃんを育てる!:円山動物園のねがい―ポプラ社ノンフィクション;11」 高橋うらら著 ポプラ社 2012年7月【学習支援本】

「たのしいキリンのかいかた:ペンギン、コアラからパンダ、ゾウまで」 たがわひできえ;さいとうまさるかんしゅう 学研教育出版 2012年12月【学習支援本】

「みんなの友だち、ツガルさん―はじめてのノンフィクションシリーズ」 日野多香子文 佼成出版社 2012年12月【学習支援本】

「巨大恐竜ブラキオサウルス―まんが恐竜ワールド」 関口たか広作 国土社 2013年1月【学習支援本】

「社会科見学に役立つわたしたちのくらしとまちのしごと場 4」 ニシ工芸児童教育研究所編 金の星社 2013年3月【学習支援本】

「レディが群れに帰るまで:母を亡くしたチンパンジーと飼育員の物語」 野谷悦子著 寿郎社 2013年8月【学習支援本】

「旭山動物園ARどうぶつ図鑑:飼育員さんが教えてくれた"とっておきの話"」 旭川市旭山動物園監修 東京書籍 2013年8月【学習支援本】

「ぼくらの街にキリンがやってくる:チャイルズエンジェル450日の軌跡―ポプラ社ノンフィクション;15」 志茂田景樹著 ポプラ社 2013年10月【学習支援本】

「返そう赤ちゃんゴリラをお母さんに」 あんずゆき文 文溪堂 2013年11月【学習支援本】

「ちょうかいちょうのキョウコちゃん」 藤原一枝作;岩永泉絵 偕成社 2014年5月【学習支援本】

「とらわれの野生:動物園のあり方を考える」 ロブ・レイドロー著;山﨑恵子監修;甲賀珠紀訳 リベルタ出版 2014年8月【学習支援本】

「新旭山動物園100―講談社のアルバムシリーズ.どうぶつアルバム;7」 内山晟写真;旭川市旭山動物園監修 講談社 2014年8月【学習支援本】

「大研究動物うんこ図鑑」 国土社編集部編 国土社 2014年8月【学習支援本】

「つまき♪式親子で楽しむ動物園ガイド」 つまき♪著 そうえん社 2015年5月【学習支援本】

「マンガでよくわかるオリガミ・ナビ!どうぶつ編」 小林一夫監修 誠文堂新光社 2015年5月【学習支援本】

「ナイト・サファリのサバイバル:生き残り作戦 1―かがくるBOOK.科学漫画サバイバルシリーズ」 ゴムドリco.文;韓賢東絵;HANA韓国語教育研究会訳 朝日新聞出版 2015年6月【学習支援本】

「たのしいクジラのかいかた:ワニ、カンガルーからイルカ、クジラまで」 たがわひできえ;さいとうまさるかんしゅう 学研教育出版 2015年7月【学習支援本】

「上野公園へ行こう:歴史&アート探検」 浦井正明著 岩波書店(岩波ジュニア新書) 2015年7月【学習支援本】

「もぐもぐどうぶつえん―しぜんにタッチ!」 なかのひろみ文・構成;福田豊文写真 ひさか

1 動物にかかわる仕事

たチャイルド　2015年8月【学習支援本】

「アフリカゾウのなみだ」　Shusui原案;佐々木一聡絵;RUI文　小学館　2015年10月【学習支援本】

「ナイトサファリのサバイバル：生き残り作戦 2―かがくるBOOK. 科学漫画サバイバルシリーズ」　ゴムドリco.文;韓賢東絵;HANA韓国語教育研究会訳　朝日新聞出版　2015年10月【学習支援本】

「ピーコとポンタのはじめての大冒険：走れ走れぼっちゃん列車」　大西篤志著;TOFU絵;大西隆成原案　青山ライフ出版　2015年11月【学習支援本】

「見たい!知りたい!たくさんの仕事 1」　こどもくらぶ編　WAVE出版　2016年3月【学習支援本】

「まちのしくみ：バックヤード絵ずかん」　モクタン・アンジェロ絵;こどもくらぶ編　東京書籍　2016年8月【学習支援本】

「足はなんぼん? 新版―いたずらはかせのかがくの本」　板倉聖宣著;中村隆絵　仮説社　2016年8月【学習支援本】

「動物園大脱走：機械のしくみがわかる本―しかけえほん」　デビッド・マコーレイ絵;小寺敦子訳　大日本絵画　2016年8月【学習支援本】

「ライオンのおじいさん、イルカのおばあさん：動物のおじいさん、動物のおばあさん」　高岡昌江文;篠崎三朗絵　学研プラス　2016年9月【学習支援本】

「家族をみつけたライオン 愛蔵版―野生どうぶつを救え!本当にあった涙の物語」　サラ・スターバック著;嶋田香訳　KADOKAWA　2017年9月【学習支援本】

「もふもふ動物―学研の図鑑LIVE forガールズ」　今泉忠明監修　学研プラス　2017年10月【学習支援本】

「日本人と動物の歴史 2」　小宮輝之著　ゆまに書房　2017年10月【学習支援本】

「気になる記号とマークの図鑑 [3]」　WILLこども知育研究所編・著　金の星社　2018年2月【学習支援本】

「好きなモノから見つけるお仕事：キャリア教育にぴったり! 3」　藤田晃之監修　学研プラス　2018年2月【学習支援本】

「トラの子を助けだせ!」　ルイーザ・リーマン著;嶋田香訳　KADOKAWA（野生どうぶつを救え!本当にあった涙の物語）　2018年3月【学習支援本】

「日本の戦争と動物たち 3」　牛田守彦著;平井美津子著　汐文社　2018年3月【学習支援本】

「ふるさとに帰ったヒョウ 愛蔵版」　サラ・スターバック著;嶋田香訳　KADOKAWA（野生どうぶつを救え!本当にあった涙の物語）　2018年4月【学習支援本】

「子パンダシャンシャン成長日記：おたんじょうびおめでとう!」　徳間書店児童書編集部編　徳間書店　2018年5月【学習支援本】

「フムフム、がってん!いきものビックリ仰天クイズ」　篠原かをりクイズ作成・解説;田中チズコイラストレーション　文藝春秋　2018年7月【学習支援本】

「奇跡のパンダファミリー：愛と涙の子育て物語」　NHKスペシャル取材班著　小学館（小学

館ジュニア文庫） 2018年8月【学習支援本】

「旭山動物園ARどうぶつ図鑑：飼育員さんが教えてくれた"とっておきの話" 第2版」 旭川市旭山動物園監修 東京書籍 2018年11月【学習支援本】

「作って学ぼう！リアルな動物：たのしいペーパークラフト」 和田洋一作;今泉忠明監修 メイツ出版 2018年12月【学習支援本】

「動物園は進化する：ゾウの飼育係が考えたこと」 川口幸男著;アラン・ルークロフト著 筑摩書房（ちくまプリマー新書） 2019年6月【学習支援本】

「みてみて！クオッカ：世界いちしあわせなどうぶつ―ほるぷ動物園えほん」 福田豊文写真;なかのひろみ文;埼玉県こども動物自然公園監修 ほるぷ出版 2021年6月【学習支援本】

「ドラえもん探究ワールド動物園のなぞ―ビッグ・コロタン；193」 藤子・F・不二雄まんが;藤子プロ監修;村田浩一監修 小学館 2021年7月【学習支援本】

「もふもふパンダといっしょ」 今泉忠明監修;神戸万知写真・協力 学研プラス（学研の図鑑LIVE petit） 2021年8月【学習支援本】

▶お仕事の様子をお話で読むには

「午後からはワニ日和」 似鳥鶏著 文藝春秋（文春文庫） 2012年3月【ライトノベル・ライト文芸】

「内気な美女には野獣を」 永田ガラ著 KADOKAWA（メディアワークス文庫） 2015年6月【ライトノベル・ライト文芸】

「坂上動物園のシロクマ係：当園は、雨男お断り」 結城敦子著 マイナビ出版（ファン文庫） 2016年7月【ライトノベル・ライト文芸】

「見習い園長のもふもふ日誌：ペンギンとはじめる動物園経営」 横田アサヒ著 双葉社（双葉文庫） 2019年5月【ライトノベル・ライト文芸】

「市立ノアの方舟：崖っぷち動物園の挑戦」 佐藤青南著 祥伝社（祥伝社文庫） 2019年6月【ライトノベル・ライト文芸】

「隣のキミであたまがいっぱい。 2」 城崎著 KADOKAWA（MF文庫J） 2020年5月【ライトノベル・ライト文芸】

「動物の泣ける話：君からもらった幸せの思い出：感動して泣ける珠玉の短編集」 浅海ユウ著;石田空著;神野オキナ著;烏丸紫明著;貴船弘海著;杉背よい著;鳴海澪著;猫屋ちゃき著;水城正人郎著;溝口智子著;矢凪著;ファン文庫Tears編 マイナビ出版（ファン文庫TearS） 2020年6月【ライトノベル・ライト文芸】

「動物園であった泣ける話：5分で読める12編のアンソロジー」 楠谷佑著;溝口智子著;烏丸紫明著;猫屋ちゃき著;霜月りつ著;鳩見すた著;水城正太郎著;那識あきら著;朝比奈歩著;浅海ユウ著;一色美雨季著;編乃肌著 マイナビ出版（ファン文庫TearS） 2021年4月【ライトノベル・ライト文芸】

「塩対応の佐藤さんが俺にだけ甘い 5」 猿渡かざみ著 小学館（ガガガ文庫） 2021年8月【ライトノベル・ライト文芸】

1 動物にかかわる仕事

水族館

たくさんの魚や海の生き物が暮らしていて、そのお世話をする人たちが働いています。飼育員は、魚やイルカ、ペンギンなどにエサをあげたり、水槽を掃除したり、病気にならないように健康をチェックしたりします。イルカやアシカと仲良くなるために、トレーニングをすることも大切です。また、水の温度や水質を管理する仕事や、生き物の研究をする専門家もいます。水族館の仕事は、海の生き物を守りながら、多くの人にそのすばらしさを伝えています。

▶お仕事について詳しく知るには

「ほんとのおおきさ水族館」 松橋利光写真;柏原晃夫絵;高岡昌江文;小宮輝之監修 学研教育出版 2010年3月【学習支援本】

「原寸大すいぞく館―小学館の図鑑neo. 本物の大きさ絵本」 さかなクン作;松沢陽士写真 小学館 2010年3月【学習支援本】

「魚(さかな)―小学館の図鑑NEO POCKET ; 3」 井田齊監修・執筆;朝日田卓指導・執筆;松浦啓一ほか執筆;近江卓;松沢陽士ほか撮影 小学館 2010年6月【学習支援本】

「クラゲ大図鑑:何を食べてる?どうやって刺す?:ふしぎな生態にせまる!」 並河洋監修 PHP研究所 2010年7月【学習支援本】

「さがしてみよう!まちのバリアフリー 4 (遊びとスポーツのバリアフリー)」 高橋儀平監修 小峰書店 2011年4月【学習支援本】

「水族館で発見!いきもの100―講談社のアルバムシリーズ. 知育アルバム ; 9」 グループ・コロンブス構成 講談社 2011年7月【学習支援本】

「ほんとのおおきさ特別編元気です!東北の動物たち」 尾崎たまき写真;柏原晃夫絵;高岡昌江文;小宮輝之監修 学研教育出版 2012年2月【学習支援本】

「サツマハオリムシってどんな生きもの?:目も口もない奇妙な動物―もっと知りたい!海の生きものシリーズ ; 3」 三浦知之著 恒星社厚生閣 2012年6月【学習支援本】

「かいじゅうさん、ハイ!:おたる水族館・海獣公園で出席をとってみた。」 岡林ちひろ文;神

前和人写真;角川雅俊絵　長崎出版　2012年7月【学習支援本】

「サンシャイン水族館リニューアル大作戦―このプロジェクトを追え!」深光富士男文　佼成出版社　2012年8月【学習支援本】

「みんなわくわく水族館 お魚いっぱい編―飼育員さんひみつおしえて!」竹嶋徹夫監修;松橋利光写真;池田菜津美文　新日本出版社　2012年8月【学習支援本】

「東日本大震災伝えなければならない100の物語 第5巻 (放射能との格闘)」学研教育出版著　学研教育出版　2013年2月【学習支援本】

「社会科見学に役立つわたしたちのくらしとまちのしごと場 4」ニシエ芸児童教育研究所編　金の星社　2013年3月【学習支援本】

「動物園・水族館で働く人たち:しごとの現場としくみがわかる!―しごと場見学!」高岡昌江著　ぺりかん社　2013年3月【学習支援本】

「すいぞくかん―はっけんずかんプチ」しながわ水族館監修;須田研司指導;友永たろ絵　学研教育出版　2013年7月【学習支援本】

「人の手で育てられたラッコ マナちゃん―はじめてのノンフィクションシリーズ」井上こみち文　佼成出版社　2013年7月【学習支援本】

「日常の「ふしぎ」に学ぶたのしい科学―ナツメ社こどもブックス」長沼毅監修　ナツメ社2013年7月【学習支援本】

「水族館のひみつ:おどろきのしくみから飼育係の仕事まで―楽しい調べ学習シリーズ」新野大著　PHP研究所　2013年11月【学習支援本】

「職場体験学習に行ってきました。:中学生が本物の「仕事」をやってみた! 10」全国中学校進路指導連絡協議会監修　学研教育出版　2014年2月【学習支援本】

「ぴっかぴかすいぞくかん―しぜんにタッチ!」なかのひろみ文・構成;福田豊文写真　ひさかたチャイルド　2014年6月【学習支援本】

「世界が感動!ニッポンのおもてなし 第3巻 (見る・楽しむ)」小笠原敬承斎監修　日本図書センター　2014年6月【学習支援本】

「サメ = SHARK:巨大ザメから深海ザメまで」中野秀樹浅い海のサメ監修;石垣幸二深い海のサメ執筆・監修　笠倉出版社　2014年7月【学習支援本】

「魚たちが飛び出す!ARすいぞくかん:まったくあたらしいデジタル図鑑」すみだ水族館監修　東京書籍　2014年8月【学習支援本】

「イルカのひみつ―飼育員さんおしえて!」松橋利光写真;池田菜津美文　新日本出版社2014年11月【学習支援本】

「はじめてでもかんたん!楽しいねんど 1 (ジオラマを作ろう)」寺西恵里子作　汐文社2015年3月【学習支援本】

「本当にいる世界の深海生物大図鑑」石垣幸二執筆・監修　笠倉出版社　2015年3月【学習支援本】

「うごく!深海生物最強ずかん」武田正倫監修　学研教育出版　2015年5月【学習支援本】

「おでかけすいぞくかん―ずかんえほん」阿部浩志ぶん;北村直子え;荒井寛かんしゅう　学

動物にかかわる仕事

研教育出版　2015年5月【学習支援本】

「クラゲすいぞくかん：クラゲかんちょーのクラゲじまん―ほるぷ水族館えほん」　村上龍男
しゃしん;なかのひろみぶん　ほるぷ出版　2015年6月【学習支援本】

「沖縄美ら海水族館100―講談社のアルバムシリーズ. どうぶつアルバム；11」　中村武弘写
真;海洋博公園・沖縄美ら海水族館監修　講談社　2015年6月【学習支援本】

「ジンベエザメのはこびかた―ほるぷ水族館えほん」　松橋利光写真;高岡昌江文;宮野耕治絵
ほるぷ出版　2015年7月【学習支援本】

「へんないきものすいぞくかんナゾの1日」　松橋利光写真;なかのひろみ文　アリス館
2015年7月【学習支援本】

「新発見の恐竜大集合!―講談社の動く図鑑MOVE特別号」　講談社編　講談社　2015年7月
【学習支援本】

「ギョギョギョ!おしえて!さかなクン」　さかなクン著・絵　朝日学生新聞社　2015年8月【学
習支援本】

「はじめてのどうぶつのほん―World library；フランス」　デルフィヌ・バドルディヌぶん;
セヴリン・コルディエえ;堀内ゆかりやく　ワールドライブラリー　2015年8月【学習支援本】

「水の国の迷路：水族館から川、海、深海の旅へ」　香川元太郎作・絵;武田正倫監修　PHP
研究所　2015年9月【学習支援本】

「つまき♪式親子で楽しむ水族館ガイド」　つまき♪著　そうえん社　2015年10月【学習支
援本】

「あしをなくしたウミガメ悠ちゃん：人工ヒレで泳げるように!―動物感動ノンフィクション」
中谷詩子文;蔵前りつ子絵;堀江篤史絵　学研プラス　2015年11月【学習支援本】

「絶滅から救え!日本の動物園&水族館：滅びゆく動物図鑑 1 (棲む場所を追われる動物た
ち)」　日本動物園水族館協会監修　河出書房新社　2016年1月【学習支援本】

「絶滅から救え!日本の動物園&水族館：滅びゆく動物図鑑 2 (乱獲でいなくなる動物たち)」
日本動物園水族館協会監修　河出書房新社　2016年1月【学習支援本】

「海まるごと大研究 4 (海の生き物はどんなくらしをしているの?)」　保坂直紀著;こどもくら
ぶ編集　講談社　2016年2月【学習支援本】

「絶滅から救え!日本の動物園&水族館：滅びゆく動物図鑑 3 (外来種・環境汚染のためにい
なくなる動物たち)」　日本動物園水族館協会監修　河出書房新社　2016年2月【学習支援
本】

「ドラえもん科学ワールド生物の源・海の不思議―ビッグ・コロタン；145」　藤子・F・不
二雄まんが;藤子プロ監修;日本科学未来館監修;小学館ドラえもんルーム編　小学館　2016
年3月【学習支援本】

「空想水族館：うさペンと仲間たち」　えりむ作・絵　学研プラス　2016年3月【学習支援本】

「見たい!知りたい!たくさんの仕事 1」　こどもくらぶ編　WAVE出版　2016年3月【学習支
援本】

「さかなクンの一魚一会：まいにち夢中な人生!」　さかなクン著・イラスト・題字　講談社

2016年7月【学習支援本】

「水族館のひみつ図鑑：おどろきのしくみから飼育係の仕事まで―学習ポケット図鑑」　新野大著　PHP研究所　2016年7月【学習支援本】

「ぴっかぴかすいぞくかん―チャイルド科学絵本館. なんでもサイエンス；5」　なかのひろみ文・構成;福田豊文写真　チャイルド本社　2016年8月【学習支援本】

「イルカと話したい」　村山司作　新日本出版社　2016年9月【学習支援本】

「ライオンのおじいさん、イルカのおばあさん：動物のおじいさん、動物のおばあさん」　高岡昌江文;篠崎三朗絵　学研プラス　2016年9月【学習支援本】

「動物園飼育員・水族館飼育員になるには―なるにはBOOKS；92」　高岡昌江著　ぺりかん社　2017年1月【学習支援本】

「海に帰れないイルカ―野生どうぶつを救え!本当にあった涙の物語」　ジニー・ジョンソン著;嶋田香訳　KADOKAWA　2017年3月【学習支援本】

「頭すっきり!なぞなぞゼミナール」　高柳優作　主婦の友社　2017年5月【学習支援本】

「ラッコのたんじょうびケーキ」　公文健太郎写真;高岡昌江文　ほるぷ出版（ほるぷ水族館えほん）　2018年1月【学習支援本】

「水族館へ行こう!：おもしろいきものポケット図鑑」　月刊アクアライフ編集部編　エムピージェー　2018年1月【学習支援本】

「がんばるセイウチ」　松橋利光文・写真　アリス館（しってる?水族館のにんきもの）　2018年2月【学習支援本】

「ねこのルーシーとうきょうへいく ＝ Lucy the cat in Tokyo：バイリンガル: 日本語-英語 2」　ペルッティ・A・ピエタリネン作;いけや咲良訳　[Pertti A. Pietarinen]　2018年3月【学習支援本】

「へんなおさかな：竹島水族館の「魚歴書」」　小林龍二監修;竹島水族館スタッフ編　あさ出版　2018年3月【学習支援本】

「空想水族館ゆら〜りナゾトキ」　学研プラス編集　学研プラス（キラピチブックス）　2018年3月【学習支援本】

「キャリア教育に活きる!仕事ファイル：センパイに聞く 11」　小峰書店編集部編著　小峰書店　2018年4月【学習支援本】

「獣医師になるには―なるにはBOOKS」　井上こみち著　ぺりかん社　2018年5月【学習支援本】

「新どうぶつえんすいぞくかん100」　今泉忠明監修;中村武弘写真　講談社（講談社のアルバムシリーズ. どうぶつアルバム）　2018年5月【学習支援本】

「サメだいすきすいぞくかん：ぼくのすいぞくかん」　ともながたろ絵;仲谷一宏監修;なかのひろみ文　アリス館　2018年7月【学習支援本】

「フムフム、がってん!いきものビックリ仰天クイズ」　篠原かをりクイズ作成・解説;田中チズコイラストレーション　文藝春秋　2018年7月【学習支援本】

「すいぞくかん」　内山晟写真　JTBパブリッシング（いきもの）　2018年11月【学習支援本】

1 動物にかかわる仕事

「海でギリギリ生き残ったらこうなりました。：進化のふしぎがいっぱい!海のいきもの図鑑」鈴木香里武著;eko絵;OCCA絵;カラシソエル絵　KADOKAWA　2018年12月【学習支援本】

「水族館へ行こう!：ポケット図鑑 2」　月刊アクアライフ編集部編　エムピージェー　2018年12月【学習支援本】

「空想水族館ゆら〜りナゾトレ：水族館のナゾを解き明かせ!」　学研プラス編　学研プラス（キラピチブックス）　2019年12月【学習支援本】

「水族館へ行こう!：ポケット図鑑 3」　月刊アクアライフ編集部編　エムピージェー　2020年2月【学習支援本】

「けなげな魚図鑑：日本の魚はたくましい!」　松浦啓一著　エクスナレッジ　2020年7月【学習支援本】

「水族館のサバイバル：生き残り作戦 1」　ゴムドリco.文;韓賢東絵;HANA韓国語教育研究会訳　朝日新聞出版（かがくるBOOK. 科学漫画サバイバルシリーズ）　2020年7月【学習支援本】

「へんななまえのもの事典」　グラフィオ編著;さがわゆめこ絵　金の星社　2020年8月【学習支援本】

「水族館のサバイバル：生き残り作戦 2」　ゴムドリco.文;韓賢東絵;HANA韓国語教育研究会訳　朝日新聞出版（かがくるBOOK. 科学漫画サバイバルシリーズ）　2020年10月【学習支援本】

「もふかわ☆ミニミニ動物」　小宮輝之監修　学研プラス（学研の図鑑LIVE petit）　2020年12月【学習支援本】

「水族館へ行こう!：ポケット図鑑 4」　月刊アクアライフ編集部編　エムピージェー　2021年3月【学習支援本】

「わたしはスナメリ：小さなイルカ」　松橋利光写真・文　新日本出版社　2021年4月【学習支援本】

「動物の仕事をするには?―マンガでわかるあこがれのお仕事」　さがわゆめこイラスト;てるてる法師マンガ　金の星社　2021年6月【学習支援本】

「SATOUMI生きもの図鑑：足摺海洋館ガイドブック：この一冊に274種!」　高知県立足摺海洋館・SATOUMI監修　エムピージェー　2021年7月【学習支援本】

「水族館：いきものとひとのいちにち」　ほりかわあやこさく　福音館書店　2021年7月【学習支援本】

「はっけん!オオサンショウウオ―日本のいきものビジュアルガイド」　関慎太郎写真;AZRelief編著;桑原一司編著　緑書房　2021年8月【学習支援本】

▶ お仕事の様子をお話で読むには

「ライトノベルの楽しい書き方 8」　本田透著　ソフトバンククリエイティブ（GA文庫）　2011年3月【ライトノベル・ライト文芸】

「輪(まわ)るピングドラム 上」 幾原邦彦著;高橋慶著 幻冬舎コミックス 2011年7月【ライトノベル・ライト文芸】

「中二病でも恋がしたい! 2」 虎虎著 京都アニメーション(KAエスマ文庫) 2011年12月【ライトノベル・ライト文芸】

「俺が生きる意味(レゾンデートル) 3 (水迷宮のデモニアック)」 赤月カケヤ著 小学館(ガガガ文庫) 2013年8月【ライトノベル・ライト文芸】

「深海カフェ海底二万哩」 蒼月海里著 KADOKAWA(角川文庫) 2016年1月【ライトノベル・ライト文芸】

「深海カフェ海底二万哩 2」 蒼月海里著 KADOKAWA(角川文庫) 2016年5月【ライトノベル・ライト文芸】

「神様の子守はじめました。 2」 霜月りつ著 コスミック出版(コスミック文庫α) 2016年5月【ライトノベル・ライト文芸】

「水族館の殺人」 青崎有吾著 東京創元社(創元推理文庫) 2016年7月【ライトノベル・ライト文芸】

「水族館の板前さん」 末羽瑛著 KADOKAWA(メディアワークス文庫) 2016年10月【ライトノベル・ライト文芸】

「深海カフェ海底二万哩 3」 蒼月海里著 KADOKAWA(角川文庫) 2017年5月【ライトノベル・ライト文芸】

「恋するアクアリウム。」 竹岡葉月著 KADOKAWA(富士見L文庫) 2018年3月【ライトノベル・ライト文芸】

「継母の連れ子が元カノだった：昔の恋が終わってくれない」 紙城境介著 KADOKAWA(角川スニーカー文庫) 2018年12月【ライトノベル・ライト文芸】

「昨日の僕が僕を殺す [2]」 太田紫織著 KADOKAWA(角川文庫) 2018年12月【ライトノベル・ライト文芸】

「深海カフェ海底二万哩 4」 蒼月海里著 KADOKAWA(角川文庫) 2018年12月【ライトノベル・ライト文芸】

「美少女と距離を置く方法 1」 丸深まろやか著 オーバーラップ(オーバーラップ文庫) 2020年9月【ライトノベル・ライト文芸】

1 動物にかかわる仕事

騎手(きしゅ)

競馬で馬に乗り、レースに出る仕事をする人です。レースでは、馬をうまくコントロールしながら速く走らせ、1位を目指します。馬のスピードや力だけでなく、騎手の技術や作戦もとても大切です。騎手になるには、小さいころから馬に親しみ、専門の学校で学ぶ必要があります。体が軽いほうが馬の負担が少なくなるため、騎手は身長が低く、体重もとても軽い人が多いです。レースの前には、食事や運動で体重を調整することもあります。騎手は、馬との信頼関係を大切にし、馬の力を最大限に引き出すことが求められる仕事です。

▶お仕事について詳しく知るには

「新13歳のハローワーク」 村上龍著;はまのゆか絵 幻冬舎 2010年3月【学習支援本】

「馬は友だち!―マジック・ツリーハウス探険ガイド;7」 メアリー・ポープ・オズボーン著;ナタリー・ポープ・ボイス著;高畑智子訳 KADOKAWA 2013年11月【学習支援本】

「ポプラディアプラス仕事・職業 = POPLAR ENCYCLOPEDIA PLUS Career Guide 2」 藤田晃之監修 ポプラ社 2018年4月【学習支援本】

「夢をそだてるみんなの仕事300 : 野球選手/花屋 サッカー選手 医師/警察官 研究者/消防士 パティシエ 新幹線運転士 パイロット 美容師/モデル ユーチューバー アニメ監督 宇宙飛行士ほか 決定版」 講談社編 講談社 2018年11月【学習支援本】

競馬調教師

競馬に出る馬を育てるお仕事です。馬が元気に走れるように、食事や健康を管理し、トレーニングをします。それぞれの馬の性格や体の特徴に合わせて、走るスピードやスタミナをアップさせるための練習を考えます。また、騎手と協力しながら、レースでよい結果を出せるように作戦を立てます。馬がけがをしないように気をつけたり、大会に向けてベストなコンディションを整えたりすることも大切です。馬と心を通わせながら、最高のパフォーマンスを引き出す、やりがいのある仕事です。

▶お仕事について詳しく知るには

「宇宙環境動物のしごと：人気の職業早わかり！」　PHP研究所編　PHP研究所　2010年12月【学習支援本】

▶お仕事の様子をお話で読むには

「12ハロンのチクショー道 = TWELVE FURLONG GOLDEN BEAST ROAD」　野井ぷら著　オーバーラップ（OVERLAP NOVELS）　2021年12月【ライトノベル・ライト文芸】

「風の向こうへ駆け抜けろ 2」　古内一絵著　小学館（小学館文庫）　2021年12月【ライトノベル・ライト文芸】

動物にかかわる仕事

乗馬インストラクター

馬の乗り方を教える先生です。はじめて馬に乗る人には、正しい姿勢や手綱の使い方をやさしく教えます。もっと上手になりたい人には、馬をスムーズに走らせたり、ジャンプしたりする方法を練習させます。馬の気持ちを理解しながら、安全に楽しく乗れるようにすることが大切です。また、馬のお世話をしたり、健康管理をしたりすることもあります。馬と人の気持ちをつなぐ、やりがいのあるお仕事です。

装蹄師

馬の「くつ」をつける仕事をする人です。馬のくつは「蹄鉄」といい、馬のひづめを守ったり、すべらないようにしたりするためにつけます。人間が靴をはくのと同じように、馬も正しい蹄鉄をつけることで、けがのひづめを切って形を整え、それぞれの馬に合った蹄鉄をつけます。とても力がいる仕事ですが、馬を安全に走らせるために、大切な仕事です。馬の足をよく観察し、馬にとって一番いい状態を作ることが求められます。

▶お仕事について詳しく知るには

「新13歳のハローワーク」 村上龍著;はまのゆか絵 幻冬舎 2010年3月【学習支援本】
「宇宙環境動物のしごと：人気の職業早わかり！」 PHP研究所編 PHP研究所 2010年12月【学習支援本】

警察犬訓練士、警察犬指導士

警察犬を育てたり、一緒に事件を解決したりするお仕事で、警察署、警察犬訓練所、自衛隊・消防などの災害救助チームなどで働きます。警察犬は、においをかぎ分けて犯人を見つけたり、行方不明の人を探したりする特別な犬です。訓練士は、警察犬が正しく働けるように、ほめたり遊んだりしながらトレーニングをします。指導士は、訓練された犬とペアになり、実際の事件現場で活躍します。犬と強い信頼関係を作りながら、人々の安全を守る、大切でやりがいのある仕事です。

▶お仕事について詳しく知るには

「宇宙環境動物のしごと：人気の職業早わかり！」 PHP研究所編 PHP研究所 2010年12月【学習支援本】

「ドッグトレーナー・犬の訓練士になるには―なるにはBOOKS；91」 井上こみち著 ぺりかん社 2016年8月【学習支援本】

「警察犬になったアンズ：命を救われたトイプードルの物語」 鈴木博房著 岩崎書店 2016年8月【学習支援本】

「新・はたらく犬とかかわる人たち 3」 こどもくらぶ編 あすなろ書房 2018年11月【学習支援本】

「こども手に職図鑑：AIに取って代わられない仕事100：一生モノの職業が一目でわかるマップ付」 子供の科学と手に職図鑑編集委員会編 誠文堂新光社 2020年11月【学習支援本】

動物にかかわる仕事

盲導犬訓練士、聴導犬訓練士、介助犬訓練士

体が不自由な人を助ける特別な犬を育てるお仕事です。盲導犬訓練士は、目が見えにくい人が安全に歩けるように、障害物を避けたり、信号の前で止まったりするように犬を訓練します。聴導犬訓練士は、耳が聞こえにくい人のために、玄関のチャイムや目覚まし時計の音に反応して知らせるように犬に教えます。介助犬訓練士は、手や足が不自由な人のために、落ちた物を拾ったり、ドアを開けたりする方法を犬に教えます。犬と力を合わせて、人の生活を支える大切なお仕事です。

▶お仕事について詳しく知るには

「感動する仕事!泣ける仕事!：お仕事熱血ストーリー8 ("ありがとう"が私を元気にしてくれる)」 学研教育出版 2010年2月【学習支援本】

「新13歳のハローワーク」 村上龍著;はまのゆか絵 幻冬舎 2010年3月【学習支援本】

「宇宙環境動物のしごと：人気の職業早わかり!」 PHP研究所編 PHP研究所 2010年12月【学習支援本】

「職場体験完全ガイド28」 広沢大之助文 ポプラ社 2012年3月【学習支援本】

「犬たちがくれた音：聴導犬誕生物語」 高橋うらら著;MAYUMI写真 金の星社(フォア文庫) 2015年8月【学習支援本】

「未来のお仕事入門 = MANGA FUTURE CAREER PRIMER―学研まんが入門シリーズ」 東園子まんが 学研教育出版 2015年8月【学習支援本】

「夢をかなえる職業ガイド：あこがれの仕事を調べよう!―楽しい調べ学習シリーズ」 PHP研究所編 PHP研究所 2015年8月【学習支援本】

「ドッグトレーナー・犬の訓練士になるには―なるにはBOOKS;91」 井上こみち著 ぺりかん社 2016年8月【学習支援本】

「なりたい!わくわく!おしごとずかん―チャイルドブックこども百科」 白岩等総監修 チャ

イルド本社　2016年12月【学習支援本】

「キャリア教育に活きる!仕事ファイル：センパイに聞く 11」　小峰書店編集部編著　小峰書店　2018年4月【学習支援本】

「新・はたらく犬とかかわる人たち 3」　こどもくらぶ編　あすなろ書房　2018年11月【学習支援本】

「こども手に職図鑑：AIに取って代わられない仕事100：一生モノの職業が一目でわかるマップ付」　子供の科学と手に職図鑑編集委員会編　誠文堂新光社　2020年11月【学習支援本】

災害救助犬訓練士

地震や大雨などの災害で行方不明になった人を探す特別な犬を育てるお仕事です。救助犬は、がれきの下や広い山の中でも、人のにおいをかぎ分けて探し出すことができます。訓練士は、犬がどんな場所でも落ち着いて探せるように、ほめたりしながら特別なトレーニングをします。また、犬と一緒に実際の救助活動に参加することもあります。救助犬と力を合わせて、人の命を助ける、とても大切でやりがいのある仕事です。

▶ お仕事について詳しく知るには

「トイプードル警察犬カリンとフーガ―いのちいきいきシリーズ」　中村文人作;岡本順絵　佼成出版社　2013年10月【学習支援本】

「ドッグトレーナー・犬の訓練士になるには―なるにはBOOKS ; 91」　井上こみち著　ぺりかん社　2016年8月【学習支援本】

「新・はたらく犬とかかわる人たち 3」　こどもくらぶ編　あすなろ書房　2018年11月【学習支援本】

「キャリア教育に活きる!仕事ファイル：センパイに聞く 27」　小峰書店編集部編著　小峰書店　2020年4月【学習支援本】

「こども手に職図鑑：AIに取って代わられない仕事100：一生モノの職業が一目でわかるマップ付」　子供の科学と手に職図鑑編集委員会編　誠文堂新光社　2020年11月【学習支援本】

1 動物にかかわる仕事

生物学者
せいぶつがくしゃ

生き物のしくみや生き方を研究するお仕事です。生き物には、人、動物、植物、細菌など、さまざまな種類があります。生物学者は、それらがどのように成長し、環境とどのようにかかわっているのかを調べます。例えば、森や海で生き物の観察をしたり、研究室で細胞のしくみを調べたりします。また、新しい薬の開発や、自然を守る活動にも役立ちます。生き物のふしぎを解き明かし、私たちのくらしや未来に役立てる、とても大切でおもしろいお仕事です。

▶ お仕事について詳しく知るには

「未来をきりひらく!夢への挑戦者たち 3 (学問・研究編)」 教育画劇 2014年4月【学習支援本】

「海のいきもの―光るいきもの」 大場裕一著;宮武健仁写真　くもん出版　2015年2月【学習支援本】

「時代を切り開いた世界の10人：レジェンドストーリー 第2期6」 髙木まさき監修　学研教育出版　2015年2月【学習支援本】

「職場体験完全ガイド 43」 ポプラ社編集　ポプラ社　2015年4月【学習支援本】

「大村智ものがたり：苦しい道こそ楽しい人生」 馬場錬成著　毎日新聞出版　2015年12月【学習支援本】

「もっと知りたい!遺伝のこと：人のいのちを知る冒険：science window子ども版」 ScienceWindow編集部著;文化工房編集　科学技術振興機構科学コミュニケーションセンター　2016年3月【学習支援本】

「ほろっと泣けるいきもの図鑑」 今泉忠明監修　学研プラス　2018年10月【学習支援本】

「生物学者―世界をうごかした科学者たち」 フェリシア・ロー文;本郷尚子訳　ほるぷ出版　2018年11月【学習支援本】

「南方熊楠：森羅万象の探究者」 新藤悦子文　あかね書房(伝記を読もう)　2019年3月【学習支援本】

「世界を驚かせた女性の物語 [2]」 ジョージア・アムソン-ブラッドショー著;リタ・ペトルッチオーリ絵;阿蘭ヒサコ訳　旬報社　2020年1月【学習支援本】

「しごとば やっぱり―しごとばシリーズ；6」 鈴木のりたけ作　ブロンズ新社　2020年2月

【学習支援本】

「AIとともに生きる未来 3」 山田誠二監修 文溪堂 2020年3月【学習支援本】

「虫ガール：ほんとうにあったおはなし」 ソフィア・スペンサー文;マーガレット・マクナマラ文;ケラスコエット絵;福本友美子訳 岩崎書店 2020年4月【学習支援本】

「今泉先生のゆかいな動物日記」 今泉忠明作;きっか絵 KADOKAWA（角川つばさ文庫） 2021年7月【学習支援本】

▶ お仕事の様子をお話で読むには

「生物学者山田博士の聖域(サンクチュアリ)」 松尾佑一著 KADOKAWA（角川文庫） 2015年7月【ライトノベル・ライト文芸】

「生物学者山田博士の奇跡(ミラクル)」 松尾佑一著 KADOKAWA（角川文庫） 2015年11月【ライトノベル・ライト文芸】

「廃校の博物館：Dr/片倉の生物学入門」 二宮敦人著 講談社（講談社タイガ） 2016年5月【ライトノベル・ライト文芸】

「彼女を愛した遺伝子」 松尾佑一著 新潮社（新潮文庫） 2017年11月【ライトノベル・ライト文芸】

標本士

動物や昆虫、植物などの標本を作り、大切に保存するお仕事です。標本とは、生き物の形や特徴をそのまま残し、研究や展示に使えるようにしたものです。標本士は、博物館や学校で使われる標本を作り、長く保存できるように工夫します。例えば、昆虫の羽を広げてきれいに固定したり、動物の骨を組み立てたりします。また、研究者や学生が標本を使いやすいように整理することも大切です。生き物の姿を未来に伝え、学びの役に立てる、大切で専門的なお仕事です。

▶ お仕事について詳しく知るには

「好きなモノから見つけるお仕事：キャリア教育にぴったり！3」 藤田晃之監修 学研プラス 2018年2月【学習支援本】

1 動物にかかわる仕事

動物学者

さまざまな動物のことを研究するお仕事です。動物の体のしくみや、生きるための工夫、どのように成長し、環境とかかわっているのかを調べます。例えば、森や海に行って動物の行動を観察したり、研究室で骨やDNAを調べたりします。また、絶滅しそうな動物を守る方法を考えたり、新しい動物の種類を発見したりすることもあります。動物のふしぎを解き明かし、自然や人のくらしに役立てる、大切でわくわくするお仕事です。

▶ お仕事について詳しく知るには

「気がつけば動物学者三代」 今泉忠明著 講談社 2018年7月【学習支援本】

「Hidden Planet:イラストレーターから地球へのラブレター」 ベン・ロザリー作;菅野楽章訳;今福道夫監修 化学同人 2022年3月【学習支援本】

「Dr.ちゅーぐるの事件簿:消えたトマト色の仏像」 こざきゆう文;やぶのてんや絵;小宮輝之監修 ポプラ社 2022年7月【学習支援本】

昆虫学者

虫のことを研究するお仕事です。世界には100万種類以上の昆虫がいて、それぞれの生き方や役割がちがいます。昆虫学者は、虫がどのように育ち、どんな環境で生きているのかを調べたり、新しい種類  の虫を発見したりします。また、農作物を守るために害虫の対策を考えたり、ハチやチョウが自然にどんな影響を与えるのかを研究することもあります。昆虫のふしぎを解き明かし、自然や人のくらしに役立てる、大切でおもしろいお仕事です。

> ▶お仕事について詳しく知るには
>
> 「ウルド昆虫記バッタを倒しにアフリカへ」 前野ウルド浩太郎著 光文社 2020年5月【学習支援本】

生物教師

生き物のふしぎや自然のしくみについて教える先生です。学校で、動物や植物、細胞の働きなどをわかりやすく説明し、実験や観察を通して生き物のしくみを学べるようにします。例えば、カエルの成長を観察したり、顕微鏡で小さな細胞を見たりする授業を行います。また、生き物を大切にする心を育てることも大切な役割です。生物の楽し  さやおもしろさを伝え、子どもたちの「もっと知りたい！」という気持ちを育てる、大切でやりがいのあるお仕事です。

1 動物にかかわる仕事

ブリーダー

犬や猫などの動物を健康に育て、新しい飼い主につなげるお仕事です。動物が元気に成長できるように、食事や運動、健康管理をしっかり行います。また、親となる動物を選び、性格や体の特徴がよい子どもが生まれるように考えます。赤ちゃんが生まれたあとは、愛情を持って育て、人と仲良くできるようにトレーニングすることも大切です。動物が幸せに暮らせるようにお世話をしながら、よい飼い主との出会いを作る、大切で責任のあるお仕事です。

▶お仕事について詳しく知るには

「宇宙環境動物のしごと:人気の職業早わかり!」 PHP研究所編 PHP研究所 2010年12月【学習支援本】

「すべてバッチリ!!ワクワクお仕事ナビーピチ・レモンブックス」 ピチレモンブックス編集部編 学研教育出版 2012年12月【学習支援本】

「ありがとう実験動物たちーノンフィクション・生きるチカラ;21」 笠井憲雪監修;太田京子著 岩崎書店 2015年6月【学習支援本】

「なりたい!わくわく!おしごとずかん―チャイルドブックこども百科」 白岩等総監修 チャイルド本社 2016年12月【学習支援本】

「ときめきハッピーおしごと事典スペシャル―キラかわ★ガール」 おしごとガール研究会著 ナツメ社 2017年12月【学習支援本】

「大人になったらしたい仕事:「好き」を仕事にした35人の先輩たち 3」 朝日中高生新聞編集部編著 朝日学生新聞社 2019年8月【学習支援本】

メダカ養殖業者

メダカを育てて増やし、ペットショップやお店に販売する仕事をする人です。養殖業者は、メダカが元気に育つように、水の温度やエサの量を調整したり、病気にならないように気をつけたりします。色や模様の美しいメダカを増やすために、特別な種類をかけあわせることもあります。水の掃除やエサやりなど、仕事は朝早くから行い、毎日しっかりメダカのお世話をします。元気なメダカを育てるためには、観察力や手間をかけることが大切です。美しいメダカをたくさんの人に届ける、やりがいのある仕事です。

ペットフード開発

犬や猫などのペットが健康に暮らせるように、安全でおいしいごはんを作るお仕事です。ペットの種類や年齢によって、必要な栄養や食べやすさがちがうので、それに合ったレシピを考えます。例えば、子犬には成長に必要なたんぱく質が多いフード、高齢の犬には消化しやすいフードを作ります。また、アレルギーのあるペットのために特別なフードを作ることもあります。ペットが元気で長生きできるように、研究しながらおいしくて安全なフードを作る、大切でやりがいのあるお仕事です。

▶お仕事について詳しく知るには

「宇宙環境動物のしごと：人気の職業早わかり！」 PHP研究所編　PHP研究所　2010年12月【学習支援本】

1 動物にかかわる仕事

ペットシッター

飼い主が旅行や仕事で留守の間に、ペットのお世話をするお仕事です。犬や猫、小鳥やウサギなど、いろいろなペットにごはんをあげたり、お水をかえたり、トイレを掃除したりします。犬ならお散歩をしたり、猫なら遊んであげたりするなど、ペットがさみしくならないようにすることも大切です。ペットが安心して過ごせるように、その子の性格や習慣をよく知り、やさしくお世話をします。動物が大好きな人にぴったりのお仕事です。

▶お仕事について詳しく知るには

「新13歳のハローワーク」 村上龍著;はまのゆか絵 幻冬舎 2010年3月【学習支援本】

「宇宙環境動物のしごと：人気の職業早わかり!」 PHP研究所編 PHP研究所 2010年12月【学習支援本】

「キミがいるから。」 ポプラ社（友だちノベルズ） 2015年3月【学習支援本】

「ときめきハッピーおしごと事典スペシャル―キラかわ★ガール」 おしごとガール研究会著 ナツメ社 2017年12月【学習支援本】

「夢をそだてるみんなの仕事300：野球選手/花屋 サッカー選手 医師/警察官 研究者/消防士 パティシエ 新幹線運転士 パイロット 美容師/モデル ユーチューバー アニメ監督 宇宙飛行士ほか 決定版」 講談社編 講談社 2018年11月【学習支援本】

トリマー、ペットスタイリスト

犬や猫の毛をカットしたり、おしゃれなスタイルに整えたりするお仕事です。ペットの毛が伸びすぎると、体が熱くなったり、汚れやすくなったりします。その子に合ったスタイルで毛をカットし、かわいくて快適に過ごせるようにします。また、シャンプーをして毛をふわふわにしたり、爪を切ったり、耳を掃除したりして、健康を守るお手伝いもします。リボンやかわいいアクセサリーをつけて、おしゃれなスタイルに仕上げることもあります。ペットが怖がらないようにやさしく接しながら、きれいに仕上げる、やりがいのある大切なお仕事です。

▶お仕事について詳しく知るには

「新13歳のハローワーク」 村上龍著;はまのゆか絵 幻冬舎 2010年3月【学習支援本】

「職場体験完全ガイド 28」 広沢大之助文 ポプラ社 2012年3月【学習支援本】

「仕事を選ぶ：先輩が語る働く現場64―朝日中学生ウイークリーの本」 朝日中学生ウイークリー編集部編著 朝日学生新聞社 2014年3月【学習支援本】

「夢をかなえる職業ガイド：あこがれの仕事を調べよう！―楽しい調べ学習シリーズ」 PHP研究所編 PHP研究所 2015年8月【学習支援本】

「キャリア教育支援ガイドお仕事ナビ 6」 お仕事ナビ編集室著 理論社 2015年9月【学習支援本】

「空から見ててね：いのちをすくう"供血猫"ばた子の物語」 はせがわまみ写真・文 集英社（集英社みらい文庫） 2016年3月【学習支援本】

「夢のお仕事さがし大図鑑：名作マンガで「すき！」を見つける 1」 夢のお仕事さがし大図鑑編集委員会編 日本図書センター 2016年9月【学習支援本】

「なりたい！わくわく！おしごとずかん―チャイルドブックこども百科」 白岩等総監修 チャイルド本社 2016年12月【学習支援本】

「こどもしごと絵じてん」 畠山重篤著;スギヤマカナヨ絵 三省堂 2018年5月【学習支援本】

4

1 動物にかかわる仕事

「大人になったらしたい仕事：「好き」を仕事にした35人の先輩たち 2」　朝日中高生新聞編集部編著　朝日学生新聞社　2018年10月【学習支援本】

「マンガで体験!人気の仕事―小学生のミカタ」　仕事の専門家18名監修;おおうちえいこマンガ　小学館　2019年12月【学習支援本】

「調べてまとめる!仕事のくふう 4」　岡田博元監修　ポプラ社　2020年4月【学習支援本】

「こども手に職図鑑：AIに取って代わられない仕事100：一生モノの職業が一目でわかるマップ付」　子供の科学と手に職図鑑編集委員会編　誠文堂新光社　2020年11月【学習支援本】

ペット服デザイナー

犬や猫などのペットが着るかわいい服を作るお仕事です。ペットの体の大きさや動きやすさを考えながら、季節に合ったデザインの服を作ります。寒い冬には暖かい服、夏には涼しい服を作ったり、特別なイベントのためのおしゃれな服を考えたりします。また、ペットが快適に着られるように、やわらかい布や伸びやすい素材を選ぶことも大切です。ペットが快適に過ごせるように工夫しながらかわいくデザインする、楽しくてクリエイティブなお仕事です。

▶お仕事の様子をお話で読むには

「宇宙環境動物のしごと：人気の職業早わかり!」　PHP研究所編　PHP研究所　2010年12月【学習支援本】

「こどもしごと絵じてん」　畠山重篤著;スギヤマカナヨ絵　三省堂　2018年5月【学習支援本】

「動物の仕事をするには? 図書館版―マンガでわかるあこがれのお仕事」　さがわゆめこイラスト;てるてる法師マンガ　金の星社　2021年1月【学習支援本】

アニマルカフェスタッフ

動物とお客様が楽しくふれ合えるカフェで働くお仕事です。猫カフェやフクロウカフェ、ウサギカフェなど、いろいろな動物とふれ合えるお店で、お客様が安心して過ごせるようにサポートします。動物たちの健康を守るために、ごはんをあげたり、お部屋を掃除したりすることも大切です。また、お客様に動物との正しい接し方を教えたり、一緒に写真を撮るお手伝いをすることもあります。動物と人が楽しく過ごせるように工夫しながら働く、やりがいのあるお仕事です。

▶お仕事について詳しく知るには

「仕事発見!生きること働くことを考える = Think about Life & Work」 毎日新聞社著 毎日新聞社 2013年5月【学習支援本】

「ペットの飼い方入門—入門百科＋;8」 ペットの専門店コジマ監修;入門百科＋編集部編 小学館 2013年12月【学習支援本】

▶お仕事の様子をお話で読むには

「ある日犬の国から手紙が来て：ドッグカフェ・ハナペロの物語」 松井雄功絵;田中マルコ文;竜山さゆり本文さし絵 小学館 2013年8月【児童文学】

「大好きな動物たちのハッピーストーリー：キミがいるから、心がほんわかあったかい!」 ナツメ社 2016年3月【児童文学】

1 動物にかかわる仕事

ペットショップ

犬や猫、小鳥、魚などのペットを販売したり、お世話をしたりする人たちが働いています。お店に来た人がペットを迎えるときに、性格や育て方をていねいに説明し、ぴったりのペットを見つけるお手伝いをします。また、ペットのエサやおもちゃ、トイレ用品などを販売する仕事もあります。お店の動物たちが元気に過ごせるように、エサやりや掃除を毎日行い、病気にならないように気をつけることも大切です。ペットと人が楽しく暮らせるようにサポートする、やりがいのある大切な仕事です。

▶お仕事について詳しく知るには

「さがして女の子のみ〜つけた」　キャンディ★ポップ編　西東社　2010年12月【学習支援本】

「すべてバッチリ!!ワクワクお仕事ナビーピチ・レモンブックス」　ピチレモンブックス編集部編　学研教育出版　2012年12月【学習支援本】

「社会科見学に役立つわたしたちのくらしとまちのしごと場 4」　ニシ工芸児童教育研究所編　金の星社　2013年3月【学習支援本】

「子犬工場：いのちが商品にされる場所」　大岳美帆著　WAVE出版　2015年11月【学習支援本】

「なりたい!わくわく!おしごとずかん―チャイルドブックこども百科」　白岩等総監修　チャイルド本社　2016年12月【学習支援本】

「ときめきハッピーおしごと事典スペシャル―キラかわ★ガール」　おしごとガール研究会著　ナツメ社　2017年12月【学習支援本】

「こどもしごと絵じてん」　畠山重篤著;スギヤマカナヨ絵　三省堂　2018年5月【学習支援本】

「トラの子を助けだせ! 愛蔵版」　ルイーザ・リーマン著;嶋田香訳　KADOKAWA（野生どうぶつを救え!本当にあった涙の物語）　2018年6月【学習支援本】

「動物の仕事をするには? 図書館版―マンガでわかるあこがれのお仕事」　さがわゆめこイラスト;てるてる法師マンガ　金の星社　2021年1月【学習支援本】

「動物はわたしたちの大切なパートナー 1」 谷田創監修　WAVE出版　2021年11月【学習支援本】

「動物愛護ってなに？：知っておきたいペットと動物愛護管理法―楽しい調べ学習シリーズ」 浅川千尋監修　PHP研究所　2021年11月【学習支援本】

▶ お仕事の様子をお話で読むには

「ペットショップ夢幻楼の事件帳：思い出はいつもとなりに」 鈴木麻純著　KADOKAWA（角川文庫）　2015年2月【ライトノベル・ライト文芸】

「ペットショップ夢幻楼の事件帳 [2] (信じたい思い)」 鈴木麻純著　KADOKAWA（角川文庫）　2015年9月【ライトノベル・ライト文芸】

ペットホテル

飼い主が旅行や仕事で家をあけるときに、大切なペットをあずかる場所です。ペットホテルで働く人は、犬や猫、小鳥などが安心して過ごせるように、お世話をする仕事をします。毎日、エサをあげたり、お部屋を掃除したり、犬なら散歩をしたりして、ペットたちが楽しく過ごせるように気をつけます。怖がっている子にはやさしく声をかけたり、遊んであげたりすることも大切です。飼い主が安心してペットをあずけられるように、ていねいにお世話をしてくれます。

▶ お仕事の様子をお話で読むには

「宇宙環境動物のしごと：人気の職業早わかり！」 PHP研究所編　PHP研究所　2010年12月【学習支援本】

1 動物にかかわる仕事

アクアリウムデザイナー

水槽の中を美しくデザインし、魚や水草が元気に暮らせる環境を作るお仕事です。水族館やお店、家の水槽を作るときに、魚の種類や大きさに合わせてレイアウトを考えたり、岩や流木、水草をバランスよく配置し、見た目が美しくなるよう工夫

したりします。また、水質や水温を管理し、魚が元気に泳げるようにすることも大切です。水の中に小さな自然を作り出し、人が見て楽しめるようにする、クリエイティブでやりがいのあるお仕事です。

▶ お仕事について詳しく知るには

「ザ・古代魚：生きている化石魚たちの飼育と楽しみ方―アクアリウム・シリーズ」 小林道信文・写真　誠文堂新光社　2010年1月【学習支援本】

「メダカ：飼育の仕方、環境、殖やし方、病気のことがすぐわかる！：はじめての飼育にこの一冊―アクアリウム☆飼い方上手になれる！」 佐々木浩之著　誠文堂新光社　2018年3月【学習支援本】

「金魚：飼育の仕方、種類、水作り、病気のことがすぐわかる！：はじめての飼育にこの一冊―アクアリウム☆飼い方上手になれる！」 佐々木浩之著　誠文堂新光社　2018年4月【学習支援本】

「メダカからはじめるアクアリウム：飼育図鑑＋マンガ：小さなメダカから恐竜みたいな古代魚まで！」　月刊アクアライフ編集部編;秋山信彦監修;安斉俊マンガ　エムピージェー　2019年9月【学習支援本】

アニマルセラピスト

動物の力を借りて、人の心や体を元気にするお仕事です。特別に訓練された犬や猫、馬などと一緒に病院や学校、高齢者施設を訪れ、動物とふれ合ってもらうことで人々を癒やします。例えば、入院中でさみしい気持ちの子どもが犬と遊ぶことで笑顔になったり、お年寄りが猫をなでることでリラックスできたりします。動物には、人を安心させたり、楽しい気持ちにさせたりするふしぎな力があります。アニマルセラピストは、その力を生かして、人の心を支える大切な仕事です。

▶お仕事について詳しく知るには

「新13歳のハローワーク」 村上龍著;はまのゆか絵 幻冬舎 2010年3月【学習支援本】

アニマルケアセンター

けがをしたり、迷子になったりした動物を保護し、お世話をします。犬や猫などのペットだけでなく、時には野生の動物を助けることもあります。働く人たちは、動物にエサをあげたり、病気の治療を行う獣医を手伝ったりします。また、新しい飼い主を探し、動物を大切に育ててくれる人とつなぐことも大切な仕事です。さらに、動物が捨てられないように、学校やイベントで命の大切さを伝える活動も行います。動物を守り、人と動物が幸せに暮らせる社会を作っています。

▶お仕事について詳しく知るには

「ハーネスをはずして：北海道盲導犬協会の老犬ホームのこと」 辻惠子著 あすなろ書房 2016年4月【学習支援本】

1 動物にかかわる仕事

実験動物技術者

新しい薬や治療法を開発するときに、動物を使った実験を行うお仕事です。人の病気を治すための薬や、安全な化粧品を作るために、まず動物で試して問題がないかを確認することがあります。そのとき、動物ができるだけ苦しまないように、適切なお世話をしたり、実験方法を工夫したりすることがとても大切です。また、動物の健康を守りながら、正確なデータをとることも仕事の一つです。人の健康を支える研究をしながら、動物の命を大切に扱う責任のあるお仕事です。

▶ お仕事について詳しく知るには

「はじめて学ぶ生命倫理：「いのち」は誰が決めるのか」 小林亜津子著　筑摩書房（ちくまプリマー新書）　2011年10月【学習支援本】

「ありがとう実験動物たち―ノンフィクション・生きるチカラ；21」 笠井憲雪監修;太田京子著　岩崎書店　2015年6月【学習支援本】

動物保護施設

けがをしたり、飼い主がいなくなったりした動物を助けて、お世話をします。犬や猫などの動物が元気に過ごせるように、エサをあげたり、お部屋をきれいにしたり、病気の治療を手伝ったりします。また、新しい飼い主を見つけるために、里親になってくれる人を探し、動物のことを説明します。動物を大切にする気持ちを広めるために、学校やイベントで話をすることもあります。動物保護施設の仕事は、大変なことも多いですが、助けた動物が元気になり、新しい家族と幸せに暮らすための手助けをする、とてもやりがいのある仕事です。

▶お仕事の様子をお話で読むには

「トキよ、はばたけ!」 遊井菜津子著 文芸社 2011年8月【児童文学】

「すてもるーいのちいきいきシリーズ」 はやみず陽子作;鈴木びんこ絵 佼成出版社 2014年1月【児童文学】

「夢見る犬たち:五番犬舎の奇跡」 クリフ・マクニッシュ作;浜田かつこ訳 金の星社 2015年8月【児童文学】

「助かった命と、助からなかった命:動物の保護施設ハッピーハウス物語―動物感動ノンフィクション」 沢田俊子文;野寺夕子写真 学研プラス 2018年2月【児童文学】

「トラの子を助けだせ!―野生どうぶつを救え!本当にあった涙の物語」 ルイーザ・リーマン著;嶋田香訳 KADOKAWA 2018年3月【児童文学】

「かがやけいのち!みらいちゃん―おはなしトントン;60」 今西乃子作;ひろみちいと絵 岩崎書店 2018年5月【児童文学】

「トラの子を助けだせ! 愛蔵版―野生どうぶつを救え!本当にあった涙の物語」 ルイーザ・リーマン著;嶋田香訳 KADOKAWA 2018年6月【児童文学】

「こねこのラッキー」 仁庵絵と文 文芸社 2018年7月【児童文学】

「子犬たちのあした:ロンドン大空襲」 ミーガン・リクス作;尾高薫訳 徳間書店 2019年1月【児童文学】

1 動物にかかわる仕事

「ブランの茶色い耳」 八束澄子作;小泉るみ子絵 新日本出版社 2019年4月【児童文学】

「わたしは保護犬モモ：モモの歩んだ365日」 佐原龍誌作;角田真弓絵 合同フォレスト 2019年5月【児童文学】

「愛ラブ猫＝I Love Neko」 山本十夢文;谷口富絵 幻冬舎メディアコンサルティング 2020年10月【児童文学】

「きみのなまえ―おはなしみーつけた!シリーズ」 あんずゆき作;かなざわまゆこ絵 佼成出版社 2021年1月【児童文学】

「わたしが鳥になる日」 サンディ・スターク-マギニス作;千葉茂樹訳 小学館 2021年3月【児童文学】

動物保護団体職員

捨てられた動物や傷ついた動物を助け、安全に暮らせるようにお世話をするお仕事です。行き場のない犬や猫を保護し、ごはんをあげたり、病気を治したりして、新しい飼い主を見つける活動をします。また、動物を大切にする気持ちを広めるために、学校で講演をしたり、ポスターを作ったりすることもあります。さらに、法律を守らずに動物を苦しめる人がいないか見守る役割もあります。動物の命を守り、一匹でも多くの動物が幸せに暮らせるようにサポートする、やりがいのある大切なお仕事です。

▶お仕事について詳しく知るには

「キャリア教育に活きる!仕事ファイル：センパイに聞く 11」 小峰書店編集部編著 小峰書店 2018年4月【学習支援本】

牧場
ぼくじょう

牛や馬、羊などの動物を育てる場所です。牛の牧場では、おいしい牛乳をしぼるために、毎日エサをあげたり、牛の体調をチェックしたりします。馬の牧場では、競馬に出る馬を育てたり、乗馬の練習をする人のために馬の世話をしたりします。牧場の仕事は朝早くから始まり、エサやりや掃除など、力仕事も多いです。動物たちが健康に過ごせるように、天気や季節に合わせてお世話の仕方を工夫することも大切です。牧場で働く人は、動物とたくさんふれ合いながら、動物たちを大切に育てています。

▶お仕事について詳しく知るには

「しらべよう!はたらく犬たち 3」 中島眞理監修 ポプラ社 2010年3月【学習支援本】

「見てみよう!挑戦してみよう!社会科見学・体験学習 3 (牧場・博物館・科学館・ミュージアム)」 国土社編集部編 国土社 2013年3月【学習支援本】

「希望の牧場―いのちのえほん；23」 森絵都作;吉田尚令絵 岩崎書店 2014年9月【学習支援本】

「捨て犬・未来、命の約束：和牛牧場をたずねて―ノンフィクション・生きるチカラ；19」 今西乃子著;浜田一男写真 岩崎書店 2014年11月【学習支援本】

「さわれるまなべるぼくじょうのどうぶつ」 グザヴィエ・ドヌー絵;松永りえ訳 パインターナショナル 2015年9月【学習支援本】

「しあわせの牛乳：牛もしあわせ!おれもしあわせ!」 佐藤慧著;安田菜津紀写真 ポプラ社 (ポプラ社ノンフィクション．生きかた) 2018年3月【学習支援本】

「たいせつなぎゅうにゅう」 キッチンミノル著 白泉社 (コドモエのえほん) 2021年7月【学習支援本】

▶お仕事の様子をお話で読むには

「動物学科空手道部2年高田トモ!」 片川優子著 双葉社（双葉文庫） 2011年3月【ライトノベル・ライト文芸】

2

人のくらしにかかわる動物の仕事

2 人のくらしにかかわる動物の仕事

酪農家(らくのうか)

牛を育てて牛乳を作る仕事です。毎日、牛にエサをあげたり、きれいな水を用意したりして、牛が元気に過ごせるようにお世話をします。朝と夕方には、牛の乳しぼりを行い、新鮮な牛乳を集めます。牛が病気にならないように、牛舎の掃除をしたり、獣医師と一緒に健康をチェックしたりすることも大切です。季節や天気によってエサの量を変えるなど、工夫しながら牛を育てます。酪農の仕事は朝早くから夜まで続くことが多く、大変ですが、おいしい牛乳やチーズ、ヨーグルトなどを作る、大切でやりがいのある仕事です。

▶ お仕事について詳しく知るには

「宇宙環境動物のしごと:人気の職業早わかり!」 PHP研究所編 PHP研究所 2010年12月【学習支援本】

「みらくるミルク―たくさんのふしぎ傑作集」 中西敏夫文;米本久美子絵 福音館書店 2011年3月【学習支援本】

「いのちの食べかた―よりみちパン!セ;P002」 森達也著 イースト・プレス 2011年7月【学習支援本】

「乳牛とともに:酪農家三友盛行―農家になろう;1」 みやこうせい写真;農文協編 農山漁村文化協会 2012年9月【学習支援本】

「おかあさん牛からのおくりもの」 松岩達文;冨田美穂絵 北海道新聞社 2014年3月【学習支援本】

「すがたをかえるたべものしゃしんえほん 4 (チーズができるまで)」 宮崎祥子構成・文;白松清之写真 岩崎書店 2014年3月【学習支援本】

「牧場・農場で働く人たち:しごとの現場としくみがわかる!―しごと場見学!」 大浦佳代著 ぺりかん社 2014年12月【学習支援本】

「キャリア教育支援ガイドお仕事ナビ 7」 お仕事ナビ編集室著 理論社 2015年10月【学習支援本】

「地球のくらしの絵本 2 (土とつながる知恵)」 四井真治著;宮崎秀人立体美術;畑口和功写真 農山漁村文化協会 2015年11月【学習支援本】

「モンゴルのゆうぼくみん―エルクシリーズ」 Monsudarジョンガルぶもんぶん;トゥルムンフ.Bえ;D.ラクチャやく;ふくしようこやく　柏艪舎　2016年1月【学習支援本】

「たのしい農場1001のさがしもの」　ジリアン・ドハーティ作;テリ・ガウアー絵;荒木文枝訳　PHP研究所　2016年12月【学習支援本】

▶ お仕事の様子をお話で読むには

「ありがとうもーちゃん」　よしだゆみ著　大山乳業農業協同組合　2021年6月【絵本】

「たいせつなぎゅうにゅう―コドモエのえほん」　キッチンミノル著　白泉社　2021年7月【絵本】

養豚所

豚を育てて、お肉を作る場所です。私たちが食べる豚肉は、養豚農家が大切に育てた豚から作られています。養豚農家は、豚が元気に育つように、毎日エサをあげたり、きれいな水を用意したりします。病気にならないように、豚舎を掃除したり、体調をチェックしたりすることも大切です。また、豚のふん尿をたい肥にして畑の肥料にするなど、環境にやさしい工夫も行われています。養豚の仕事は大変ですが、私たちの食生活を支える、大切でやりがいのある仕事です。

▶ お仕事について詳しく知るには

「感動する仕事!泣ける仕事! : お仕事熱血ストーリー 3 (使命感を持って自然と向き合う)」
学研教育出版　2010年2月【学習支援本】

2 人のくらしにかかわる動物の仕事

養鶏所

鶏を育てて、卵やお肉を作る仕事をする場所です。私たちが食べる卵や鶏肉は、養鶏農家が大切に育てた鶏から作られています。養鶏農家は、鶏が元気に育つように、エサをあげたり、きれいな水を用意したりします。病気にならないように、鶏舎を掃除したり、温度を調整したりすることも大切です。卵をとるために育てる「採卵鶏」と、お肉にするために育てる「肉用鶏」がいます。また、ふん尿をたい肥にして畑の肥料にするなど、環境にやさしい工夫もしています。養鶏の仕事は大変ですが、私たちの食を支える大切な仕事です。

▶お仕事の様子をお話で読むには

「三千と一羽がうたう卵の歌」　ジョイ・カウリー著;デヴィッド・エリオット絵;杉田七重訳
さ・え・ら書房　2014年1月【児童文学】

畜産業

牛や豚、鶏などの家畜を育て、肉や牛乳、卵などを作る仕事です。私たちが食べるお肉や牛乳、卵は、畜産業の人たちが育てた動物から作られています。畜産農家は、動物が健康に育つように、エサをあげたり、きれいな環境を作ったりします。

病気にならないように、体調をチェックすることも大切です。牛は牧場で育てることが多く、豚や鶏は広い小屋で育てられます。また、環境を守るために、ふん尿をたい肥にして畑の肥料にする工夫も行われています。

▶ お仕事の様子をお話で読むには

「食肉にかかわる仕事：畜産従事者 食肉センタースタッフ ハム・ソーセージ加工スタッフ：マンガ─知りたい!なりたい!職業ガイド」 ヴィットインターナショナル企画室編 ほるぷ出版 2010年2月【学習支援本】

「日本の農業 5」 岩崎書店 2010年4月【学習支援本】

「うちは精肉店」 本橋成一写真と文 農山漁村文化協会 2013年3月【学習支援本】

「世界のともだち 05」 清水哲朗著・写真 偕成社 2014年2月【学習支援本】

「イラストと地図からみつける!日本の産業・自然 第2巻 (畜産業・水産業)」 青山邦彦絵 帝国書院 2014年3月【学習支援本】

「日本は世界で何番目? 4」 藤田千枝編 大月書店 2014年3月【学習支援本】

「データと地図で見る日本の産業 2」 石谷孝佑監修 ポプラ社 2014年4月【学習支援本】

「捨て犬・未来、命の約束：和牛牧場をたずねて─ノンフィクション・生きるチカラ；19」 今西乃子著；浜田一男写真 岩崎書店 2014年11月【学習支援本】

「ニワトリとともに：自然養鶏家笹村出─農家になろう；10」 常見藤代写真 農山漁村文化協会 2014年12月【学習支援本】

「すがたをかえるたべものしゃしんえほん 8 (ソーセージができるまで)」 宮崎祥子構成・文；白松清之写真 岩崎書店 2015年1月【学習支援本】

「インカの世界を知る」 木村秀雄著；高野潤著 岩波書店(岩波ジュニア新書) 2015年11月【学習支援本】

「生き物を育成する仕事：養蜂業者 養殖漁業者 馬の牧場スタッフ：マンガ 新版」 ヴィットインターナショナル企画室編 ほるぷ出版(知りたい!なりたい!職業ガイド) 2020年3月【学習支援本】

「未来をつくる!日本の産業 1 (農業 上)」 堀田和彦監修；産業学会監修 ポプラ社 2021年4月【学習支援本】

「おいしく安心な食と農業 [3]」 小泉光久制作・文 文研出版 2021年11月【学習支援本】

「動物はわたしたちの大切なパートナー 2」 谷田創監修 WAVE出版 2021年12月【学習支援本】

2 人のくらしにかかわる動物の仕事

養蜂家

ミツバチを育てて、はちみつを集める仕事です。ミツバチが元気に育つように、巣箱を管理し、エサとなる花が咲いている場所を選んで巣を置きます。はちみつは、ミツバチが花のみつを集めて作ります。養蜂家は、みつがたくさんたまると、特別な道具を使って巣からはちみつを取り出します。また、ミツバチが病気にならないように見守ったり、スズメバチなどの敵から守ったりすることも大切な仕事です。養蜂の仕事は、自然とふれ合いながら行うため、季節や天気に気をつけることが大切です。

▶お仕事について詳しく知るには

「ミツバチ:花にあつまる昆虫―科学のアルバムかがやくいのち;4」　藤丸篤夫著　あかね書房　2010年3月【学習支援本】

「仕事ってなんだろう?」　大原興三郎著　講談社　2010年3月【学習支援本】

「宇宙環境動物のしごと:人気の職業早わかり!」　PHP研究所編　PHP研究所　2010年12月【学習支援本】

「ずかんハチ:見ながら学習調べてなっとく」　松本吏樹郎監修;coco写真・イラスト　技術評論社　2014年5月【学習支援本】

「はちみつができるまで―チャイルド科学絵本館. なんでもサイエンス;1」　藤原誠太監修　チャイルド本社　2017年4月【学習支援本】

「ミツバチだいすき:ぼくのおじさんはようほう家」　藤原由美子文;安井寿磨子絵　福音館書店(科学シリーズ)　2019年5月【学習支援本】

「生き物を育成する仕事:養蜂業者 養殖漁業者 馬の牧場スタッフ:マンガ 新版」　ヴィットインターナショナル企画室編　ほるぷ出版(知りたい!なりたい!職業ガイド)　2020年3月【学習支援本】

養蚕農家

カイコという虫を育てて「まゆ」を作らせる仕事をする人です。この「まゆ」から、シルク（絹）という特別な糸が作られます。シルクは、着物や高級な服の材料になります。カイコは、クワの葉を食べて育ちます。養蚕農家は、カイコが元気に育つように、新鮮なクワの葉をあげたり、温度や湿度を調整したりします。カイコが大きくなると、自分で糸を出して「まゆ」を作ります。できた「まゆ」は、工場でシルクの糸に加工されます。養蚕の仕事は、昔から日本で大切にされてきた伝統的な仕事で、美しい布を作るためにとても重要です。

▶お仕事について詳しく知るには

「お蚕さんから糸と綿と」　大西暢夫著　アリス館　2020年1月【学習支援本】

鷹匠

タカやハヤブサなどの猛禽類と呼ばれる鳥を育て、訓練する仕事をする人です。昔は、タカを使って野生の鳥や小動物をとる「鷹狩」が行われていましたが、今はタカを使って鳥を追いはらう仕事や、伝統文化を伝える仕事をすることが多くなっています。例えば、空港や農地で鳥が集まりすぎると問題になることがあります。鷹匠がタカを飛ばすと、他の鳥が怖がって近づかなくなるため、環境を守るのに役立ちます。タカと信頼関係を作るために、毎日エサをあげたり、一緒に飛ぶ練習をしたりします。

▶お仕事について詳しく知るには

「鷹匠は女子高生!」　佐和みずえ著　汐文社　2011年11月【学習支援本】

2 人のくらしにかかわる動物の仕事

猟師
りょうし

山や森でシカやイノシシなどの動物をとる仕事です。昔は食べものを手に入れるために行われていましたが、今は自然のバランスを守るためにも大切な仕事になっています。シカやイノシシが増えすぎると、畑の作物が食べられたり、森林が壊れたりすることがあります。猟師は、そうした被害を防ぐために動物をとり、自然を守る役割を果たしています。猟師になるには、「狩猟免許」という資格が必要で、ルールを守って安全に活動します。銃を使うこともありますが、罠をしかけて動物をとる方法もあります。

> ▶ お仕事について詳しく知るには
>
> 「山に肉をとりに行く―ちしきのぽけっと；15」 田口茂男写真・文　岩崎書店　2012年12月【学習支援本】
>
> 「自分の力で肉を獲る：10歳から学ぶ狩猟の世界」 千松信也著　旬報社　2020年1月【学習支援本】

漁師
りょうし

海や川、湖で魚や貝をとる仕事です。私たちが食べる魚やエビ、カニなどをとり、新鮮なまま市場やお店に届けます。漁の方法には、大きな網を使う「底引き網漁」や、一本の縄でたくさんの釣り針をつけて魚をとる「延縄漁」など、いろいろなやり方があります。漁師は天気や潮の流れをよく考えながら、安全に仕事をすることが大切です。

漁師の仕事は、朝早くから海に出て、力仕事も多いですが、おいしい魚をとるやりがいのある仕事です。また、魚がとれすぎないようにルールを守り、海の自然を大切にすることも漁師の大切な役目です。

▶お仕事について詳しく知るには

「感動する仕事!泣ける仕事!：お仕事熱血ストーリー 3 (使命感を持って自然と向き合う)」 学研教育出版　2010年2月【学習支援本】

「職場体験完全ガイド 16」　ポプラ社　2010年3月【学習支援本】

「私は海人写真家古谷千佳子―ノンフィクション・生きるチカラ；7」　古谷千佳子著　岩崎書店　2011年5月【学習支援本】

「港で働く人たち：しごとの現場としくみがわかる!―しごと場見学!」　大浦佳代著　ぺりかん社　2013年1月【学習支援本】

「東日本大震災伝えなければならない100の物語 第9巻 (再生と復興に向かって)」　学研教育出版著　学研教育出版　2013年2月【学習支援本】

「海のうえに暮らす―地球ものがたり」　関野吉晴著　ほるぷ出版　2013年3月【学習支援本】

「すしにかかわる仕事人―すしから見る日本」　川澄健監修　文研出版　2016年2月【学習支援本】

「それでも、海へ：陸前高田に生きる―シリーズ◎自然いのちひと；17」　安田菜津紀写真・文　ポプラ社　2016年2月【学習支援本】

「クニマスは生きていた!」　池田まき子著　汐文社　2017年11月【学習支援本】

「NHKプロフェッショナル仕事の流儀 6」　NHK「プロフェッショナル」制作班編　ポプラ社

2 人のくらしにかかわる動物の仕事

2018年4月【学習支援本】

「人の心に木を植える：「森は海の恋人」30年」 畠山重篤著;スギヤマカナヨ絵 講談社 2018年5月【学習支援本】

「みなまたの木 改訂復刻版」 三枝三七子絵と文;原田正純監修 地湧社 2018年10月【学習支援本】

「漁師になるには―なるにはBOOKS」 大浦佳代著 ぺりかん社 2019年1月【学習支援本】

「ジョン万次郎：海をわたった開国の風雲児」 山口理文;福田岩緒画 あかね書房（伝記を読もう） 2019年3月【学習支援本】

「キャリア教育に活きる!仕事ファイル：センパイに聞く 17」 小峰書店編集部編著 小峰書店 2019年4月【学習支援本】

「世界にはばたけ!明日の農業・未来の漁業 3」 山本美佳執筆;オフィス303執筆 教育画劇 2019年4月【学習支援本】

「世界でいちばん優しいロボット」 岩貞るみこ文;片塩広子絵 講談社 2021年6月【学習支援本】

▶ お仕事の様子をお話で読むには

「ハナミズキ：君と好きな人が百年続きますように：ジュニア版」 吉田紀子作 汐文社 2010年7月【児童文学】

「ツバサの自由研究：磯笛の絆」 水野次郎著 出窓社 2012年7月【児童文学】

「ラビントットと空の魚 第1話 (鰹のたんぽぽ釣り)―福音館創作童話シリーズ」 越智典子作;にしざかひろみ画 福音館書店 2012年11月【児童文学】

「嵐をしずめたネコの歌」 アントニア・バーバー作;ニコラ・ベイリー絵;おびかゆうこ訳 徳間書店 2019年3月【児童文学】

「ラビントットと空の魚 第4話―福音館創作童話シリーズ」 越智典子作;にしざかひろみ画 福音館書店 2020年6月【児童文学】

「ラビントットと空の魚 第5話―福音館創作童話シリーズ」 越智典子作;にしざかひろみ画 福音館書店 2020年6月【児童文学】

海女、海士

海にもぐって魚や貝、海藻をとる仕事です。とくにアワビやサザエ、ワカメなどをとることが多く、昔から日本の海のくらしを支えてきた大切な仕事です。海女や海士は、深い海にもぐるために、特別な道具を使わず、自分の息だけで泳ぎます。そのため、長い間もぐれるように、体力や泳ぎの技術が必要です。寒い季節にも海に入るので、体を強くすることも大切です。海の資源を守るために、小さなアワビはとらず、大きくなるまで育てるといったルールを守っています。自然と共に生き、昔から伝わる技術を使う、やりがいのある仕事です。

▶ お仕事について詳しく知るには

「宇宙環境動物のしごと：人気の職業早わかり！」 PHP研究所編　PHP研究所　2010年12月【学習支援本】

▶ お仕事の様子をお話で読むには

「ツバサの自由研究：磯笛の絆」　水野次郎著　出窓社　2012年7月【児童文学】

2 人のくらしにかかわる動物の仕事

漁業
ぎょぎょう

海や川、湖で魚や貝、海藻をとる仕事です。漁業でとれた魚は、スーパーや市場に並び、私たちの食卓に届きます。漁業にはいろいろな種類があります。例えば、大きな船で遠くの海まで行って魚をとる「遠洋漁業」、近くの海でとる「沿岸漁業」、そして魚を育てる「養殖業」があります。
漁師は、天気や潮の流れをよく考えながら、安全に魚をとることが大切です。また、魚がとれすぎて将来とれる魚が減らないように、決められたルールを守りながら漁をしています。

▶お仕事について詳しく知るには

「あぁ、そうなんだ!魚講座：通になれる100の質問」　亀井まさのり著　恒星社厚生閣　2010年11月【学習支援本】

「森・川・海つながるいのち―守ってのこそう!いのちつながる日本の自然；5」　畠山重篤著；宍戸清孝写真　童心社　2011年1月【学習支援本】

「日本の農林水産業 水産業」　小泉光久編;大日本水産会監修　鈴木出版　2011年3月【学習支援本】

「KODOMO新聞ニュースのことば 2012年版」　読売新聞社会部編　中央公論新社　2012年2月【学習支援本】

「食料問題にたちむかう―世界と日本の食料問題」　山崎亮一監修　文研出版　2012年2月【学習支援本】

「調べよう!日本の自然と人びとのくらし 第4巻 (海のくらし)」　井田仁康監修　岩崎書店　2012年3月【学習支援本】

「身近な魚のものがたり：イワシ・サンマ・アジ・サバのふしぎ」　小泉光久文;高山ケンタ絵;河野博監修　くもん出版　2012年4月【学習支援本】

「調べよう!日本の自然と人びとのくらし 第2巻 (川・湖のくらし)」　井田仁康監修　岩崎書店　2012年4月【学習支援本】

「環境負債：次世代にこれ以上ツケを回さないために」　井田徹治著　筑摩書房(ちくまプリマー新書)　2012年5月【学習支援本】

「さかな―たべるのだいすき!食育えほん；2-6」 なかのひろみぶん；ともながたろえ；坂本和弘監修 チャイルド本社 2012年9月【学習支援本】

「イワシ：意外と知らないほんとの姿―もっと知りたい!海の生きものシリーズ；4」 渡邊良朗著 恒星社厚生閣 2012年11月【学習支援本】

「名探偵コナン推理ファイル農業と漁業の謎―小学館学習まんがシリーズ. CONAN COMIC STUDY SERIES」 青山剛昌原作；阿部ゆたかまんが；丸伝次郎まんが；太田弘監修；平良隆久シナリオ 小学館 2012年12月【学習支援本】

「海のうえに暮らす―地球ものがたり」 関野吉晴著 ほるぷ出版 2013年3月【学習支援本】

「アジアの自然と文化 4」 クリスチャン・ダニエルス監修 小峰書店 2014年4月【学習支援本】

「漁業国日本を知ろう 北海道の漁業」 坂本一男監修；渡辺一夫文・写真 ほるぷ出版 2014年6月【学習支援本】

「漁業国日本を知ろう 東北の漁業」 坂本一男監修；吉田忠正文・写真 ほるぷ出版 2014年8月【学習支援本】

「漁業国日本を知ろう 関東の漁業」 坂本一男監修；吉田忠正文・写真 ほるぷ出版 2014年9月【学習支援本】

「漁業国日本を知ろう 九州・沖縄の漁業」 坂本一男監修；吉田忠正文・写真 ほるぷ出版 2014年10月【学習支援本】

「漁業国日本を知ろう 中国の漁業」 坂本一男監修；吉田忠正文・写真 ほるぷ出版 2014年11月【学習支援本】

「漁業国日本を知ろう 四国の漁業」 坂本一男監修；渡辺一夫文・写真 ほるぷ出版 2014年12月【学習支援本】

「漁業国日本を知ろう 近畿の漁業」 坂本一男監修；渡辺一夫文・写真 ほるぷ出版 2015年1月【学習支援本】

「日本の祭り大図鑑：みたい!しりたい!しらべたい! 3 (豊作・豊漁を願い感謝する祭り)」 松尾恒一監修・著 ミネルヴァ書房 2015年1月【学習支援本】

「漁業国日本を知ろう 中部の漁業」 坂本一男監修；渡辺一夫文・写真 ほるぷ出版 2015年2月【学習支援本】

「漁業国日本を知ろう 資料編〈都道府県別データ〉」 坂本一男監修；吉田忠正文；渡辺一夫文 ほるぷ出版 2015年3月【学習支援本】

「さがしてみよう!まちのしごと 4 (農家・工場のしごと)」 饗庭伸監修 小峰書店 2015年4月【学習支援本】

「お魚図鑑つき!回転寿司おもしろ大百科：おしごと図鑑：社会科学習にも役立つ!!」 永岡書店編集部編集 永岡書店 2015年7月【学習支援本】

「すしダネのいろいろ―すしから見る日本」 川澄健監修 文研出版 2015年11月【学習支援本】

2 人のくらしにかかわる動物の仕事

「はたらく船大図鑑 3（調査する船）」 池田良穂監修　汐文社　2016年1月【学習支援本】

「守ろう・育てよう日本の水産業 1（漁港と町づくり）」 坂本一男監修　岩崎書店　2016年2月【学習支援本】

「守ろう・育てよう日本の水産業 2（私たちのくらしと魚）」 坂本一男監修　岩崎書店　2016年2月【学習支援本】

「守ろう・育てよう日本の水産業 3（未来をつくる）」 坂本一男監修　岩崎書店　2016年2月【学習支援本】

「守ろう・育てよう日本の水産業 5（都道府県別・まるわかり水産業）」 坂本一男監修　岩崎書店　2016年2月【学習支援本】

「職場体験学習に行ってきました。：中学生が本物の「仕事」をやってみた! 14」 全国中学校進路指導・キャリア教育連絡協議会監修　学研プラス　2016年2月【学習支援本】

「自然の材料と昔の道具 1」 深光富士男著　さ・え・ら書房　2016年3月【学習支援本】

「社会の?を探検：はじめてのアクティブ・ラーニング 日本の暮らし」 小宮山博仁著;中山成子絵　童心社　2016年3月【学習支援本】

「しごと場たんけん日本の市場 1」 東京中央卸売市場協力;ニシ工芸編　汐文社　2016年11月【学習支援本】

「子どもに伝えたい和の技術 9」 和の技術を知る会著　文溪堂　2018年1月【学習支援本】

「科学がひらくスマート農業・漁業 1」 小泉光久著;大谷隆二監修;寺坂安里絵　大月書店　2018年9月【学習支援本】

「日本の産業大事典：日本標準産業分類を網羅したあらゆる業種がわかる1冊!」 藤田晃之監修　あかね書房　2019年1月【学習支援本】

「世界にはばたけ!明日の農業・未来の漁業 1」 教育画劇　2019年2月【学習支援本】

「科学がひらくスマート農業・漁業 2」 小泉光久著;寺坂安里絵　大月書店　2019年3月【学習支援本】

「科学がひらくスマート農業・漁業 3」 小泉光久著;寺坂安里絵　大月書店　2019年3月【学習支援本】

「科学がひらくスマート農業・漁業 4」 小泉光久著;寺坂安里絵　大月書店　2019年4月【学習支援本】

「世界にはばたけ!明日の農業・未来の漁業 2」 山本美佳執筆;オフィス303執筆　教育画劇　2019年4月【学習支援本】

「世界にはばたけ!明日の農業・未来の漁業 3」 山本美佳執筆;オフィス303執筆　教育画劇　2019年4月【学習支援本】

「未来をつくる!日本の産業 3」 堀田和彦監修;産業学会監修　ポプラ社　2021年4月【学習支援本】

「世界でいちばん優しいロボット」 岩貞るみこ文;片塩広子絵　講談社　2021年6月【学習支援本】

養殖業

養殖業は、魚や貝、エビなどの水の生き物を育てて、お店や市場に出す仕事です。自然の海や川で魚をとる漁業とはちがい、人の手で管理しながら育てるのが特徴です。養殖には、海や川にいかだを浮かべて育てる「海面養殖」と、水槽や養殖池で育てる「陸上養殖」があります。マグロ、タイ、カキ、ウナギなど、私たちがよく食べる魚や貝も養殖されています。養殖業の人たちは、魚が元気に育つようにエサをあげたり、水の温度や水質を調整したりします。

▶ お仕事について詳しく知るには

「現代人の伝記：人間てすばらしい、生きるってすばらしい 2」　致知編集部編著　致知出版社　2010年7月【学習支援本】

「宇宙環境動物のしごと：人気の職業早わかり！」　PHP研究所編　PHP研究所　2010年12月【学習支援本】

「森・川・海つながるいのち—守ってのこそう！いのちつながる日本の自然；5」　畠山重篤著;宍戸清孝写真　童心社　2011年1月【学習支援本】

「イワシ：意外と知らないほんとの姿—もっと知りたい！海の生きものシリーズ；4」　渡邊良朗著　恒星社厚生閣　2012年11月【学習支援本】

「ナマズ—田んぼの生きものたち」　前畑政善文・写真　農山漁村文化協会　2014年4月【学習支援本】

「漁業国日本を知ろう　東北の漁業」　坂本一男監修;吉田忠正文・写真　ほるぷ出版　2014年8月【学習支援本】

「漁業国日本を知ろう　九州・沖縄の漁業」　坂本一男監修;吉田忠正文・写真　ほるぷ出版　2014年10月【学習支援本】

「漁業国日本を知ろう　中国の漁業」　坂本一男監修;吉田忠正文・写真　ほるぷ出版　2014年11月【学習支援本】

「漁業国日本を知ろう　四国の漁業」　坂本一男監修;渡辺一夫文・写真　ほるぷ出版　2014年12月【学習支援本】

「漁業国日本を知ろう　近畿の漁業」　坂本一男監修;渡辺一夫文・写真　ほるぷ出版　2015年1月【学習支援本】

2 人のくらしにかかわる動物の仕事

「近未来科学ファイル20XX 2」 荒舩良孝著;田川秀樹イラスト;つぼいひろきイラスト　岩崎書店　2016年3月【学習支援本】

「子どもに伝えたい和の技術 9」 和の技術を知る会著　文溪堂　2018年1月【学習支援本】

「生き物を育成する仕事：養蜂業者 養殖漁業者 馬の牧場スタッフ：マンガ 新版」 ヴィットインターナショナル企画室編　ほるぷ出版(知りたい!なりたい!職業ガイド)　2020年3月【学習支援本】

「こども手に職図鑑：AIに取って代わられない仕事100：一生モノの職業が一目でわかるマップ付」 子供の科学と手に職図鑑編集委員会編　誠文堂新光社　2020年11月【学習支援本】

「SDGsのきほん：未来のための17の目標 15」 稲葉茂勝著　ポプラ社　2021年2月【学習支援本】

「宇宙マグロのすしを食べる：魔法の水「好適環境水」誕生物語」 山本俊政著　旬報社　2021年5月【学習支援本】

3

動物に かかわる知識

3 動物にかかわる知識

動物学

動物についていろいろなことを研究する学問です。動物の体のしくみや行動、暮らし方、進化などを調べます。例えば、「ライオンはなぜ群れで生活するのか」「魚のひれはどうしてあんな形なのか」「ゾウはどうやって水を飲むのか」など、さまざまな動物のふしぎを研究します。また、動物と自然の関係を調べて、絶滅しそうな動物を守る方法を考えることもあります。動物学は「生理学」「行動学」「生態学」など、いろいろな分野に分かれています。自然を守ることにもつながる、大切な学問です。

▶お仕事について詳しく知るには

「どうぶつの鼻―どうぶつのからだ；2」 ネイチャー・プロ編集室編著 偕成社 2010年1月【学習支援本】

「どうぶつの目―どうぶつのからだ；1」 ネイチャー・プロ編集室編著 偕成社 2010年1月【学習支援本】

「どうぶつのしっぽ―どうぶつのからだ；6」 ネイチャー・プロ編集室編著 偕成社 2010年2月【学習支援本】

「どうぶつの口―どうぶつのからだ；3」 ネイチャー・プロ編集室編著 偕成社 2010年2月【学習支援本】

「どうぶつの耳―どうぶつのからだ；4」 ネイチャー・プロ編集室編著 偕成社 2010年2月【学習支援本】

「どうぶつの手と足―どうぶつのからだ；5」 ネイチャー・プロ編集室編著 偕成社 2010年2月【学習支援本】

「野生動物への2つの視点："虫の目"と"鳥の目"」 高槻成紀;南正人著 筑摩書房（ちくまプリマー新書） 2010年5月【学習支援本】

「どうしてそんなかお？ 虫―絵本図鑑；1」 有沢重雄作;今井桂三絵 アリス館 2010年6月【学習支援本】

「野生のヒツジ クラッグ―シートン動物記」 アーネスト・T.シートン文・絵;今泉吉晴訳・解説 童心社 2010年9月【学習支援本】

「どうしてそんなかお? 鳥―絵本図鑑 ; 2」 有沢重雄作;今井桂三絵;日橋一昭監修　アリス館　2011年1月【学習支援本】

「ほ乳類は野生動物のスーパースター : 自然・文化・歴史から見るほ乳類 1 (ほ乳類ってどんな動物?)」 熊谷さとし文・絵;安藤元一監修　少年写真新聞社　2012年2月【学習支援本)】

「驚異の身体能力 : 不思議ってすばらしい!―アニマルプラネット図鑑シリーズ」 AmandaBurdon著;五十嵐友子訳　Silver Back　2012年5月【学習支援本】

「とらわれの野生 : 動物園のあり方を考える」　ロブ・レイドロー著;山﨑恵子監修;甲賀珠紀訳　リベルタ出版　2014年8月【学習支援本】

「びっくり!おどろき!動物まるごと大図鑑 2」　中田兼介著　ミネルヴァ書房　2016年10月【学習支援本】

「びっくり!おどろき!動物まるごと大図鑑 3」　中田兼介著　ミネルヴァ書房　2016年11月【学習支援本】

動物生態学、動物行動学

動物生態学とは、動物が自然の中でどのように暮らしているかを研究する学問です。動物が住んでいる場所や、食べるもの、他の生き物との関係などを調べます。例えば、ライオンは群れで生活するけれど、ヒョウは一匹で行動するなど、動物ごとのちがいを学びます。動物行動学は、動物がなぜそのような行動をするのかを研究する学問です。犬がしっぽを振るときの気持ちや、渡り鳥がなぜ移動をするのかなどを調べます。動物の行動には理由があり、それを知ることで、動物ともっと仲良くなったり、自然を守ることにつながったりします。

▶お仕事について詳しく知るには

「動物に心はあるだろうか? : 初めての動物行動学―あさがく選書 ; 3」　松島俊也著　朝日学生新聞社　2012年11月【学習支援本】

「ガンたちとともに : コンラートローレンツ物語」　イレーヌグリーンスタイン作;樋口広芳訳　福音館書店　2013年9月【学習支援本】

動物生理学、動物形態学

動物生理学とは、動物の体がどのように動いているのかを研究する学問です。例えば、「どうやって食べものを消化するのか」「心臓はどのように血を送るのか」「動物が寒いときに体温を保つしくみは？」などを調べ、動物が健康に生きるための体のしくみを解き明かします。動物形態学は、動物の体の形やつくりを研究する学問です。例えば、「鳥のくちばしの形はエサによってちがう」「魚のひれは速く泳ぐためにどうなっているのか」などを調べます。形のちがいには理由があり、その動物が暮らしやすいように進化してきたことがわかります。

▶お仕事について詳しく知るには

「くらべてみよう！人と動物のからだ１(骨と筋肉のしくみ)」 今泉忠明監修　ポプラ社　2012年3月【学習支援本】

「くらべてみよう！人と動物のからだ２(肺と心臓のしくみ)」 今泉忠明監修　ポプラ社　2012年3月【学習支援本】

「くらべてみよう！人と動物のからだ３(消化器のしくみ)」 今泉忠明監修　ポプラ社　2012年3月【学習支援本】

「くらべてみよう！人と動物のからだ４(感覚器と脳のしくみ)」 今泉忠明監修　ポプラ社　2012年3月【学習支援本】

「動物のちえ４」 成島悦雄監修;ネイチャー・プロ編集室編著　偕成社　2014年3月【学習支援本】

「動物のちえ５」 成島悦雄監修;ネイチャー・プロ編集室編著　偕成社　2014年3月【学習支援本】

「しっぽのひみつ：役割のちがいと進化をさぐる―楽しい調べ学習シリーズ」 今泉忠明監修　PHP研究所　2014年9月【学習支援本】

「動物の見ている世界：仕掛絵本図鑑」 ギヨーム・デュプラ著;渡辺滋人訳　創元社　2014年11月【学習支援本】

「イルカの不思議：2時間で生まれかわる皮膚？アゴが耳？驚きの能力に迫る！」 村山司著　誠文堂新光社　2015年1月【学習支援本】

「魚―学研の図鑑LIVE；7」　本村浩之監修　学研教育出版　2015年7月【学習支援本】

「だれのもようかな?―はじめてであういきもののふしぎ」　ネイチャー&サイエンス編　河出書房新社　2015年9月【学習支援本】

「骨の博物館 2」　黒輪篤嗣訳;遠藤秀紀日本語版監修　辰巳出版　2015年10月【学習支援本】

「くらべてわかる!イヌとネコ：ひみつがいっぱい体・習性・くらし―調べる学習百科」　浜田一男写真;大野瑞絵著;林良博監修　岩崎書店　2015年11月【学習支援本】

「動物 新訂版―講談社の動く図鑑MOVE」　山極寿一監修　講談社　2015年11月【学習支援本】

「イヌとネコのふしぎ101：いちばん身近な動物たちの体と行動と心のなぜ」　武内ゆかり文;福田豊文写真　偕成社　2016年2月【学習支援本】

「昆虫：電子顕微鏡でのぞいてみよう!―ミクロワールド大図鑑」　佐々木正己編集責任　小峰書店　2016年2月【学習支援本】

「鳥のサバイバル：生き残り作戦 1―かがくるBOOK. 科学漫画サバイバルシリーズ」　ゴムドリco.文;韓賢東絵;HANA韓国語教育研究会訳　朝日新聞出版　2016年2月【学習支援本】

「図説知っておきたい!スポット50チョウとガ―Rikuyosha Children & YA Books」　カミラ・ド・ラ・ベドワイエール著　六耀社　2016年8月【学習支援本】

「イヌのクイズ図鑑―ニューワイド学研の図鑑」　今泉忠明監修　学研プラス　2016年12月【学習支援本】

「ネコのクイズ図鑑―ニューワイド学研の図鑑」　今泉忠明監修　学研プラス　2016年12月【学習支援本】

「教科書に出てくる生きもののすみか：わくわく発見! 1」　学研プラス編　学研プラス　2017年2月【学習支援本】

「教科書に出てくる生きもののすみか：わくわく発見! 2」　学研プラス編　学研プラス　2017年2月【学習支援本】

「教科書に出てくる生きもののすみか：わくわく発見! 3」　学研プラス編　学研プラス　2017年2月【学習支援本】

「教科書に出てくる生きもののすみか：わくわく発見! 4」　学研プラス編　学研プラス　2017年2月【学習支援本】

「どうぶつのからだこれ、なあに? 1」　今泉忠明監修　ポプラ社　2017年4月【学習支援本】

「どうぶつのからだこれ、なあに? 2」　今泉忠明監修　ポプラ社　2017年4月【学習支援本】

「どうぶつのからだこれ、なあに? 3」　今泉忠明監修　ポプラ社　2017年4月【学習支援本】

「どうぶつのからだこれ、なあに? 4」　今泉忠明監修　ポプラ社　2017年4月【学習支援本】

「どうぶつのからだこれ、なあに? 5」　今泉忠明監修　ポプラ社　2017年4月【学習支援本】

「どうぶつのからだこれ、なあに? 6」　今泉忠明監修　ポプラ社　2017年4月【学習支援本】

「どうぶつのからだこれ、なあに? 7」　今泉忠明監修　ポプラ社　2017年4月【学習支援本】

3 動物にかかわる知識

「つのじまんつのくらべ―いきもの写真館；3」　小宮輝之文・写真　メディアパル　2021年3月【学習支援本】

「もっとやりすぎいきもの図鑑」　今泉忠明監修;森松輝夫イラスト　宝島社　2021年3月【学習支援本】

「ゾウの鼻ウサギの耳―いきもの写真館；4」　小宮輝之文・写真　メディアパル　2021年9月【学習支援本】

水産学

海や川、湖などの水の中で暮らす生き物や、それをとる漁業について研究する学問です。私たちが食べる魚や貝、海藻をどうやってとるか、どうすれば長く守れるかを考えます。例えば、「魚が減らないようにどんなルールを作ればいいか」「おいしい魚をたくさん育てる養殖の方法」「海や川をきれいにするにはどうすればいいか」などを研究します。水産学には、「漁業」「養殖」「海の環境を守る研究」など、いろいろな分野があります。

▶お仕事について詳しく知るには

「マンボウのひみつ」　澤井悦郎著　岩波書店（岩波ジュニア新書）　2017年8月【学習支援本】

「クラゲの宇宙：底知れぬ生命力と爆発的発生」　石井晴人著　恒星社厚生閣（もっと知りたい!海の生きものシリーズ）　2019年11月【学習支援本】

「南極のさかな大図鑑 = THE ULTIMATE GUIDE TO ANTARCTIC FISH：たくさんのふしぎ版」　岩見哲夫文;廣野研一絵　福音館書店（たくさんのふしぎ傑作集）　2020年6月【学習支援本】

「SATOUMI生きもの図鑑：足摺海洋館ガイドブック：この一冊に274種!」　高知県立足摺海洋館・SATOUMI監修　エムビージェー　2021年7月【学習支援本】

屠畜(とちく)

私たちが食べるお肉を作るために、牛や豚、鶏などの動物を処理することです。スーパーやお店で売られている肉は、この屠畜の作業を通じて作られています。屠畜を行う施設では、動物ができるだけ苦しまないように、決められた方法で処理されます。これはアニマルウェルフェア(動物の福祉)の考えに基づき、動物にできるだけストレスを与えないようにするためです。私たちがお肉を食べ

るときには、動物の命をいただいていることを知り、感謝の気持ちを持つことが大切です。

▶お仕事について詳しく知るには

「ぶたにく」 大西暢夫写真・文 幻冬舎エデュケーション 2010年1月【学習支援本】

「焼き肉を食べる前に。：絵本作家がお肉の職人たちを訪ねた—エルくらぶ」 中川洋典聞き手・絵 解放出版社 2016年2月【学習支援本】

「屠畜のお仕事—シリーズお仕事探検隊」 栃木裕著 解放出版社 2021年4月【学習支援本】

3 動物にかかわる知識

アニマルコミュニケーション

人と動物が気持ちを通じ合わせる方法のことです。言葉を話せない動物が、どんなことを考えているのかを感じ取ったり、こちらの気持ちを伝えたりすることを目指します。例えば、犬や猫がしっぽを振る、耳を倒すなどのしぐさで気持ちを表すことがあります。アニマルコミュニケーションでは、こうした動物のしぐさや目の動きをよく観察し、心を落ち着けて動物の気持ちを感じ取ることが大切です。この方法を学ぶことで、ペットの気持ちを理解しやすくなり、動物たちともっと仲良くなれます。

▶ お仕事について詳しく知るには

「ねことじいちゃん：映画版」 ねこまき(ミューズワーク)原作・イラスト;坪田文作;伊豆平成文　KADOKAWA(角川つばさ文庫)　2019年1月【学習支援本】

「わたしは保護犬モモ：モモの歩んだ365日」 佐原龍誌作;角田真弓絵　合同フォレスト　2019年5月【学習支援本】

「パン売りロバさんやってきた」 けん・駄馬男文・絵　文芸社　2019年7月【学習支援本】

「ムーンフォレストのなかまたち 1―いしだえほん；no. 192」 よしだみつよ文;みやけえみ絵　石田製本　2019年8月【学習支援本】

「犬がすきなぼくとおじさんとシロ―おはなしガーデン；54」 山本悦子作;しんやゆう子絵　岩崎書店　2019年9月【学習支援本】

「まぼろしの小さい犬」 フィリパ・ピアス作;猪熊葉子訳　岩波書店(岩波少年文庫)　2020年1月【学習支援本】

「ミラクルラブリー・感動のどうぶつ物語：虹の橋」 青空純編著　西東社　2020年1月【学習支援本】

「ジェンと星になったテリー―おはなしトントン；68」 草野あきこ作;永島壮矢絵　岩崎書店　2020年2月【学習支援本】

「動物と話せる少女リリアーネ 13」 タニヤ・シュテーブナー著;中村智子訳　学研プラス

2020年2月【学習支援本】

「お姫さまの話」 里果ゆりも作・絵 文芸社 2020年4月【学習支援本】

「ドリトル先生アフリカへ行く：100周年記念版」 ヒュー・ロフティング著;金原瑞人共訳;藤嶋桂子共訳 竹書房 2020年4月【学習支援本】

「クローバーと魔法動物 1」 ケイリー・ジョージ作;久保陽子訳;スカイエマ絵 童心社 2020年5月【学習支援本】

「ミラクルラブリー・感動のどうぶつ物語：夢の階段」 青空純編著 西東社 2020年5月【学習支援本】

「月夜のゴロスケ―郷土の創作物語；2」 水﨑順子作;朽原彪絵 櫂歌書房 2020年5月【学習支援本】

「子うしのきんじろう：いのちにありがとう―おはなしトントン；70」 今西乃子作;ひろみちいと絵 岩崎書店 2020年6月【学習支援本】

「戦争にいったうま」 いしいゆみ作;大庭賢哉絵 静山社 2020年6月【学習支援本】

「きみの声がききたくて」 オーウェン・コルファー作;P.J.リンチ絵;横山和江訳 文研出版（文研ブックランド） 2020年7月【学習支援本】

「山犬物語」 五条一馬著 文芸社 2020年7月【学習支援本】

「父さんのことば」 パトリシア・マクラクラン作;若林千鶴訳;石田享子絵 リーブル 2020年8月【学習支援本】

「セラピードッグのハナとわたし」 堀直子作;佐竹美保絵 文研出版（文研ブックランド） 2020年9月【学習支援本】

「ベランダの秘密基地：しゃべる猫と、家族のカタチ」 木村色吹著 KADOKAWA（カドカワ読書タイム） 2020年9月【学習支援本】

「ひかりの森のフクロウ」 広瀬寿子作;すがわらけいこ絵 国土社 2020年10月【学習支援本】

「愛ラブ猫＝I Love Neko」 山本十夢文;谷口富絵 幻冬舎メディアコンサルティング 2020年10月【学習支援本】

「戦争にいったうま 改訂版」 いしいゆみ作;大庭賢哉絵 静山社 2020年11月【学習支援本】

「3分で楽しい!"動物"ショートストーリー＝Fun in 3 minutes!"Animal" short story」 小狐裕介著 辰巳出版 2020年12月【学習支援本】

「怪奇漢方桃印 [3]」 廣嶋玲子作;田中相絵 講談社 2020年12月【学習支援本】

「大坂城のシロ」 あんずゆき著;中川学絵 くもん出版 2020年12月【学習支援本】

「天国の犬ものがたり [12]」 堀田敦子原作;藤咲あゆな著;環方このみイラスト 小学館（小学館ジュニア文庫） 2020年12月【学習支援本】

「町にきたヘラジカ」 フィル・ストング作;クルト・ヴィーゼ絵;瀬田貞二訳 徳間書店 2021年1月【学習支援本】

3 動物にかかわる知識

「動物探偵ミア [10]―動物探偵ミア；10」 ダイアナ・キンプトン作；武富博子訳；花珠絵 ポプラ社　2021年1月【学習支援本】

「ドクター・ドリトル：アフリカへゆく」 ヒュー・ロフティング作；杉田七重訳；帆絵　ポプラ社（ポプラキミノベル）　2021年3月【学習支援本】

「夜明けをつれてくる犬」 吉田桃子著　講談社　2021年4月【学習支援本】

「正吉とヤギ―福音館創作童話シリーズ」 塩野米松文；矢吹申彦絵　福音館書店　2021年6月【学習支援本】

「縄文の狼―くもんの児童文学」 今井恭子作；岩本ゼロゴ画　くもん出版　2021年6月【学習支援本】

「オイモはときどきいなくなる」 田中哲弥著；加藤久仁生画　福音館書店　2021年7月【学習支援本】

「さくらの白い犬」 野のあざみ著　東洋出版　2021年7月【学習支援本】

「サヨナラの前に、ギズモにさせてあげたい9のこと」 ベン・デイヴィス作；杉田七重訳　小学館　2021年7月【学習支援本】

「洞窟少年と犬のシロ」 祓川学作；ねもときょうこ絵　ハート出版　2021年7月【学習支援本】

「介助犬チェリーのパピーウォーカー―文研ブックランド」 山口理作；岡本順絵　文研出版　2021年8月【学習支援本】

「エヴィーのひみつと消えた動物たち」 マット・ヘイグ作；宮坂宏美訳；ゆうこ絵　ほるぷ出版　2021年9月【学習支援本】

「チェスターとガス」 ケイミー・マガヴァン作；西本かおる訳　小峰書店（Sunnyside Books）　2021年9月【学習支援本】

「ぼさにまる＝BOSANIMAL：ぼさぼさだっていいじゃない!」 伊藤クミコ作；Amy絵　ポプラ社　2021年9月【学習支援本】

「ミラクルノベル☆感動のどうぶつ物語：親愛なるキミへ。」 西東社編集部編　西東社　2021年9月【学習支援本】

「天国の犬ものがたり [13]」 堀田敦子原作；藤咲あゆな著；環方このみイラスト　小学館（小学館ジュニア文庫）　2021年9月【学習支援本】

「ジャノメ」 戸森しるこ作；牧野千穂絵　静山社　2021年10月【学習支援本】

「旅するレオ」 いとうしゅうさく文；青木宣人絵　文芸社　2021年10月【学習支援本】

「動物探偵ミア [11]―動物探偵ミア；11」 ダイアナ・キンプトン作；武富博子訳；花珠絵　ポプラ社　2021年11月【学習支援本】

「北極熊（ポーラーベアー）ホープ＝POLAR BEAR HOPE」 二郷半二著　日本橋出版　2021年11月【学習支援本】

「サクラと僕の物語」 マクシミリアン語り；野替千代訳・画　文芸社　2021年12月【学習支援本】

「プーさんの戦争:世界一有名なクマのお話―児童図書館・文学の部屋」 リンジー・マティック文;ジョシュ・グリーンハット文;ソフィー・ブラッコール絵;山口文生訳　評論社　2021年12月【学習支援本】

「ふわふわフレンズ = FUWA FUWA FRIENDS : きみがくれたまほう : 動物×成長ストーリー」　深海ゆずは作;平林佐和子作;ささきあり作;まちなみなもこ絵;ｎｉｋｋｉ絵;七海喜つゆり絵　学研プラス　2021年12月【学習支援本】

アニマルウェルフェア

動物ができるだけ幸せに暮らせるように、動物を大切にする考え方のことです。動物も痛みや苦しみを感じるので、人間が正しくお世話をして、安心して暮らせる環境を作ることが大切です。例えば、牧場で育てられる牛や豚、鶏が、せまい場所に閉じこめられず、自由に動けるようにすることや、痛みをできるだけ少なくする工夫を

することがアニマルウェルフェアにつながります。また、ペットも無理なく楽しく過ごせるようにすることが大切です。この考え方は、動物を守るだけでなく、人間と動物がよい関係で暮らすことにもつながります。

▶お仕事について詳しく知るには

「動物はわたしたちの大切なパートナー 1」　谷田創監修　WAVE出版　2021年11月【学習支援本】

「動物はわたしたちの大切なパートナー 2」　谷田創監修　WAVE出版　2021年12月【学習支援本】

「動物はわたしたちの大切なパートナー 3」　谷田創監修　WAVE出版　2021年12月【学習支援本】

3 動物にかかわる知識

動物保護

動物が安全に暮らせるように守ることです。自然の中にいる動物や、人と一緒に暮らすペットなど、すべての動物が安心して生きられるようにするための活動です。例えば、森がなくなってすむ場所を失った動物を助けたり、けがをした野生動物を治して自然に帰したりします。また、迷子になった犬

や猫を保護して、新しい飼い主を見つける活動もあります。動物を守るためには、ゴミを正しく捨てる、動物をむやみに捨てない、自然を大切にするなど、一人ひとりが気をつけることも大切です。

▶お仕事について詳しく知るには

「いのちにぎわうふゆみずたんぼー守ってのこそう!いのちつながる日本の自然;4」 呉地正行著 童心社 2010年1月【学習支援本】

「かえっておいでアホウドリーおはなしのほん」 竹下文子文;鈴木まもる絵 ハッピーオウル社 2010年1月【学習支援本】

「野生の動物を守りたいーめくりしかけえほん」 フランセス・バリーさく;たにゆきやく 大日本絵画 2010年【学習支援本】

「しらべよう!はたらく犬たち 4」 中島眞理監修 ポプラ社 2010年3月【学習支援本】

「難病の子猫クロといつもいっしょ:小さな命も重さは同じ」 山岡睦美作 ハート出版 2010年5月【学習支援本】

「野生動物への2つの視点:"虫の目"と"鳥の目"」 高槻成紀;南正人著 筑摩書房(ちくまプリマー新書) 2010年5月【学習支援本】

「ほたるにあいたいーエコ育絵本ちきゅうのなかまたち;3」 西川祐介写真;こやま峰子文;古河義仁監修 チャイルド本社 2010年6月【学習支援本】

「ツシマヤマネコって、知ってる?:絶滅から救え!!わたしたちにできることーノンフィクション・生きるチカラ;2」 太田京子著 岩崎書店 2010年7月【学習支援本】

「ヤマネのすむ森:湊先生のヤマネと自然研究記ーヒューマンノンフィクション」 湊秋作文・写真 学研教育出版 2010年7月【学習支援本】

「ジュゴン:海草帯からのメッセージ」 土屋誠;カンジャナ・アドゥンヤヌコソン監修 東

海大学出版会　2010年10月【学習支援本】

「小さないのち：まほうをかけられた犬たち」　今西乃子文;浜田一男写真　金の星社　2010年10月【学習支援本】

「サメのなかま―100の知識」　スティーブ・パーカー著;渡辺政隆日本語版監修　文研出版　2010年11月【学習支援本】

「トキよ未来へはばたけ：ニッポニア・ニッポンを守る人たち」　国松俊英著　くもん出版　2011年3月【学習支援本】

「リンゴの老木とフクロウ：カメラマンが見つけた人と野鳥の共生」　浜田尚子著　文芸社　2011年3月【学習支援本】

「地球環境から学ぼう!私たちの未来 第6巻 (環境立国へ向けて、日本の未来)」　塩瀬治編　星の環会　2011年3月【学習支援本】

「捨て犬・未来と子犬のマーチ：もう、安心していいんだよ―ノンフィクション・生きるチカラ；6」　今西乃子著;浜田一男写真　岩崎書店　2011年4月【学習支援本】

「野鳥もネコもすくいたい!：小笠原のノラネコ引っこし大作戦―動物感動ノンフィクション」　高橋うらら文・写真;永吉カヨ絵;小笠原自然文化研究所;東京都獣医師会監修　学研教育出版　2011年7月【学習支援本】

「14歳からの原発問題―14歳の世渡り術」　雨宮処凛著　河出書房新社　2011年9月【学習支援本】

「カモのきょうだいクリとゴマ」　なかがわちひろ作・絵　アリス館　2011年9月【学習支援本】

「なぜ?どうして?動物のお話」　こざきゆう文;今泉忠明監修　学研教育出版　2011年10月【学習支援本】

「ツバメ―田んぼの生きものたち」　神山和夫文;佐藤信敏文;渡辺仁文;佐藤信敏写真　農山漁村文化協会　2012年1月【学習支援本】

「がんばっぺ!アクアマリンふくしま：東日本大震災から立ちなおった水族館」　中村庸夫著　フレーベル館　2012年2月【学習支援本】

「きみの町にコウノトリがやってくる」　キム・ファン著　くもん出版　2012年2月【学習支援本】

「人里に現れるクマ―野生動物被害から考える環境破壊今、動物たちに何が起きているのか」　三浦慎悟監修　金の星社　2012年2月【学習支援本】

「植物を食べつくすシカ―野生動物被害から考える環境破壊今、動物たちに何が起きているのか」　三浦慎悟監修　金の星社　2012年3月【学習支援本】

「日本にすみつくアライグマ―野生動物被害から考える環境破壊今、動物たちに何が起きているのか」　三浦慎悟監修　金の星社　2012年3月【学習支援本】

「畑をあらすイノシシやサル―野生動物被害から考える環境破壊今、動物たちに何が起きているのか」　三浦慎悟監修　金の星社　2012年3月【学習支援本】

「命がこぼれおちる前に：収容された犬猫の命をつなぐ人びと―感動ノンフィクション」　今

3 動物にかかわる知識

西乃子文;浜田一男写真　佼成出版社　2012年4月【学習支援本】

「明日もいっしょにおきようね：捨て猫、でかおのはなし」　竹脇麻衣絵;穴澤賢文　草思社　2012年4月【学習支援本】

「ゆれるシッポの子犬・きらら」　今西乃子著;浜田一男写真　岩崎書店　2012年5月【学習支援本】

「クマを追え!ブレット：軽井沢クマ対策犬ものがたり―動物感動ノンフィクション」　田中純平協力;あかいわしゅうご文;北村人絵　学研パブリッシング　2012年7月【学習支援本】

「タマゾン川：多摩川でいのちを考える」　山崎充哲著　旬報社　2012年7月【学習支援本】

「フラガールと犬のチョコ = Hula girl and Choco：東日本大震災で被災した犬の物語」　祓川学作　ハート出版　2012年7月【学習支援本】

「まるこをすくった命のリレー：動物たちの東日本大震災」　あんずゆき文　文溪堂　2012年7月【学習支援本】

「実験犬シロのねがい―ハンカチぶんこ」　井上夕香作;葉祥明画　ハート出版　2012年8月【学習支援本】

「捨て犬・未来命のメッセージ：東日本大震災・犬たちが避難した学校―ノンフィクション・生きるチカラ；10」　今西乃子著;浜田一男写真　岩崎書店　2012年10月【学習支援本】

「100グラムのいのち：ペットを殺処分から救う奇跡の手―ノンフィクション・生きるチカラ；11」　太田京子著　岩崎書店　2012年11月【学習支援本】

「アザラシ流氷の海へ―つながってるよいのちのWA!」　廣崎芳次文;原志利写真　小峰書店　2012年11月【学習支援本】

「いつか帰りたいぼくのふるさと = Kitty's Journey from Fukushima：福島第一原発20キロ圏内から来たねこ」　大塚敦子写真・文　小学館　2012年11月【学習支援本】

「いのちをつなぐ：セラピードッグをめざす被災地の犬たち―ノンフィクション・生きるチカラ；13」　大木トオル著　岩崎書店　2012年12月【学習支援本】

「メダカ・フナ・ドジョウ―田んぼの生きものたち」　市川憲平文・写真;津田英治写真　農山漁村文化協会　2012年12月【学習支援本】

「やさしさをください：傷ついた心を癒すアニマル・セラピー農場：Stories of Forget Me Not Farm―ノンフィクション・生きるチカラ；12」　大塚敦子著　岩崎書店　2012年12月【学習支援本】

「語りつぎお話絵本3月11日 3 (家族と会えた)」　WILLこども知育研究所編　学研教育出版　2013年2月【学習支援本】

「野鳥が集まる庭をつくろう：おうちでバードウオッチング」　藤井幹共著;井上雅英共著　誠文堂新光社　2013年2月【学習支援本】

「クマに森を返そうよ」　沢田俊子著　汐文社　2013年3月【学習支援本】

「けいかいくいきぶたまるさんがいく」　マオアキラ文;さかもとひろかず写真・絵　創風社出版　2013年3月【学習支援本】

「つばめのピーくん：実話絵本」　小出宣絵と文　リーブル出版　2013年8月【学習支援本】

「動物を守りたい君へ」 高槻成紀著 岩波書店（岩波ジュニア新書） 2013年10月【学習支援本】

「ラスト・チャンス！：ぼくに家族ができた日」 児玉小枝著 WAVE出版 2013年11月【学習支援本】

「命のバトンタッチ：捨て犬・未来ものがたり：障がいを負った犬・未来」 今西乃子著；浜田一男写真 岩崎書店（フォア文庫） 2013年12月【学習支援本】

「ホームヘルパー犬ミルキー」 井上夕香文；川崎芳子監修 国土社 2014年1月【学習支援本】

「ヤマネとどうぶつのおいしゃさん：ほんとうにあったお話」 多賀ユミコ著 垂井日之出印刷所出版事業部 2014年1月【学習支援本】

「わさびちゃんとひまわりの季節」 たざわりいこ著；わさびちゃん原作 小学館（小学館ジュニア文庫） 2014年2月【学習支援本】

「おかえり！アンジー：東日本大震災を生きぬいた犬の物語」 高橋うらら著 集英社（集英社みらい文庫） 2014年3月【学習支援本】

「捨て犬・未来と捨てネコ・未来―ノンフィクション・生きるチカラ；18」 今西乃子著；浜田一男写真 岩崎書店 2014年3月【学習支援本】

「「おさかなポスト」が教えてくれること：多摩川の生態系を守る山崎充哲―感動ノンフィクションシリーズ」 たけたにちほみ文 佼成出版社 2014年5月【学習支援本】

「しあわせのバトンタッチ：障がいを負った犬・未来、学校へ行く―捨て犬・未来ものがたり」 今西乃子著；浜田一男写真 岩崎書店（フォア文庫） 2014年6月【学習支援本】

「きせきの海をうめたてないで！」 キムファン著 童心社 2014年8月【学習支援本】

「がんばれ！名犬チロリ」 おおきとおる作；うるしばらとうじ絵 岩崎書店 2014年10月【学習支援本】

「特別な一ぴき：いのちの授業：どうして、犬って捨てられちゃうと思う？」 岡田朋子文 国土社 2014年10月【学習支援本】

「地雷をふんだゾウ」 藤原幸一写真・文 岩崎書店 2014年11月【学習支援本】

「チロリのまなざし：奇跡をおこすセラピードッグ」 大木トオル著；森本ちか著 リーブル出版 2014年12月【学習支援本】

「捨て犬・未来と子犬のマーチ―捨て犬・未来ものがたり」 今西乃子著；浜田一男写真 岩崎書店（フォア文庫） 2014年12月【学習支援本】

「アドベンチャーワールドパンダをふやせ！―このプロジェクトを追え！」 深光富士男文 佼成出版社 2015年1月【学習支援本】

「空を飛ばない鳥たち：泳ぐペンギン、走るダチョウ翼のかわりになにが進化したのか？―子供の科学★サイエンスブックス」 上田恵介監修 誠文堂新光社 2015年2月【学習支援本】

「捨て犬その命の行方：救われたがけっぷち犬のその後の物語―動物感動ノンフィクション」 今西乃子文；浜田一男写真 学研教育出版 2015年2月【学習支援本】

「ぞうのなみだひとのなみだ」 藤原幸一著 アリス館 2015年5月【学習支援本】

3 動物にかかわる知識

「のら犬のペコ＝Wild Dog Peco」 奥寺あさみ著 霞ケ関出版 2015年5月【学習支援本】

「さくら猫と生きる：殺処分をなくすためにできること―ポプラ社ノンフィクション；23」 今西乃子著;浜田一男写真 ポプラ社 2015年6月【学習支援本】

「こむぎといつまでも：余命宣告を乗り越えた奇跡の猫ものがたり」 tomo著 小学館（小学館ジュニア文庫） 2015年9月【学習支援本】

「犬たちをおくる日：この命、灰になるために生まれてきたんじゃない」 今西乃子著;浜田一男写真 金の星社（フォア文庫） 2015年9月【学習支援本】

「子犬のきららと捨て犬・未来：まあるい、まあるい、ふたつのシッポ」 今西乃子著;浜田一男写真 岩崎書店 2015年9月【学習支援本】

「ニホンカワウソはつくづく運がわるかった?!：ひらめき動物保全学」 熊谷さとし著 偕成社 2015年10月【学習支援本】

「あしをなくしたウミガメ悠ちゃん：人工ヒレで泳げるように!―動物感動ノンフィクション」 中谷詩子文;蔵前りつ子絵;堀江篤史絵 学研プラス 2015年11月【学習支援本】

「ぼくはアホウドリの親になる：写真記ひな70羽引っこし大作戦」 南俊夫文・写真;山階鳥類研究所監修 偕成社 2015年11月【学習支援本】

「国をつなぐ奇跡の鳥クロツラヘラサギ：日本・韓国・朝鮮の架け橋」 今関信子著 汐文社 2015年11月【学習支援本】

「子犬工場：いのちが商品にされる場所」 大岳美帆著 WAVE出版 2015年11月【学習支援本】

「上高地から帰ってきた犬―どうぶつノンフィクション絵本；8」 竹本祐子文;野中秀司絵 郷土出版社 2015年12月【学習支援本】

「絶滅から救え!日本の動物園＆水族館：滅びゆく動物図鑑3（外来種・環境汚染のためにいなくなる動物たち)」 日本動物園水族館協会監修 河出書房新社 2016年2月【学習支援本】

「すばこ」 キムファン文;イスンウォン絵 ほるぷ出版 2016年4月【学習支援本】

「78円の命」 谷山千華さく;佐伯ゆう子絵 78円の命プロジェクト 2016年6月【学習支援本】

「警察犬になったアンズ：命を救われたトイプードルの物語」 鈴木博房著 岩崎書店 2016年8月【学習支援本】

「赤ちゃんネコのすくいかた：小さな"いのち"を守る、ミルクボランティア」 児玉小枝写真・文 集英社（集英社みらい文庫） 2016年8月【学習支援本】

「捨て犬・未来、天国へのメッセージ―ノンフィクション・生きるチカラ；23」 今西乃子著;浜田一男写真 岩崎書店 2016年9月【学習支援本】

「捨て犬たちとめざす明日―ノンフィクション知られざる世界」 今西乃子著;浜田一男写真 金の星社 2016年9月【学習支援本】

「まもりたい、この小さな命：動物保護団体アークの物語」 高橋うらら文;原田京子写真 集英社（集英社みらい文庫） 2016年10月【学習支援本】

「鳥のいる地球はすばらしい：人と生き物の自然を守る」 国松俊英著;関口シュン絵　文溪堂　2016年11月【学習支援本】

「コアラ病院へようこそ：野生動物を救おう!―Rikuyosha Children & YA Books」 スージー・エスターハス文と写真;海都洋子訳　六耀社　2016年12月【学習支援本】

「動物のクライシス 2―科学学習まんがクライシス・シリーズ」 佐伯幸之助まんが;三条和都ストーリー　小学館　2016年12月【学習支援本】

「命の意味命のしるし―世の中への扉」 上橋菜穂子著;齊藤慶輔著　講談社　2017年1月【学習支援本】

「ひとりぼっちの子ゾウ―野生どうぶつを救え!本当にあった涙の物語」 ルイーザ・リーマン著;嶋田香訳　KADOKAWA　2017年3月【学習支援本】

「家族になる日：のら猫の命をつなぐ物語―動物感動ノンフィクション」 春日走太文　学研プラス　2017年3月【学習支援本】

「海に帰れないイルカ―野生どうぶつを救え!本当にあった涙の物語」 ジニー・ジョンソン著;嶋田香訳　KADOKAWA　2017年3月【学習支援本】

「森のなかのオランウータン学園―Rikuyosha Children & YA Books. 野生動物を救おう!」 スージー・エスターハス文と写真;海都洋子訳　六耀社　2017年3月【学習支援本】

「ひとりぼっちの子ゾウ 愛蔵版―野生どうぶつを救え!本当にあった涙の物語」 ルイーザ・リーマン著;嶋田香訳　KADOKAWA　2017年6月【学習支援本】

「海に帰れないイルカ 愛蔵版―野生どうぶつを救え!本当にあった涙の物語」 ジニー・ジョンソン著;嶋田香訳　KADOKAWA　2017年6月【学習支援本】

「瞬間接着剤で目をふさがれた犬純平 新装改訂版」 関朝之さく;nanakoえ　ハート出版　2017年6月【学習支援本】

「動物たちを救うアニマルパスウェイ―文研じゅべにーる. ノンフィクション」 湊秋作著　文研出版　2017年6月【学習支援本】

「みんなが知りたい!日本の「絶滅危惧」動物がわかる本―まなぶっく」 今泉忠明監修　メイツ出版　2017年7月【学習支援本】

「家族をみつけたライオン―野生どうぶつを救え!本当にあった涙の物語」 サラ・スターバック著;嶋田香訳　KADOKAWA　2017年7月【学習支援本】

「さらわれたチンパンジー 愛蔵版―野生どうぶつを救え!本当にあった涙の物語」 ジェス・フレンチ著;嶋田香訳　KADOKAWA　2017年9月【学習支援本】

「家族をみつけたライオン 愛蔵版―野生どうぶつを救え!本当にあった涙の物語」 サラ・スターバック著;嶋田香訳　KADOKAWA　2017年9月【学習支援本】

「生きているだけでいい!：馬がおしえてくれたこと」 倉橋燿子作　講談社（講談社青い鳥文庫）　2017年9月【学習支援本】

「いやし犬まるこ：お年よりによりそう犬の物語」 輔老心著　岩崎書店　2017年10月【学習支援本】

「ツシマヤマネコ飼育員物語：動物園から野生復帰をめざして」 キムファン著　くもん出版

3 動物にかかわる知識

2017年10月【学習支援本】

「ねだんのつかない子犬きららのいのち」 今西乃子著;浜田一男写真 岩崎書店 2017年10月【学習支援本】

「あかちゃんパンダーパンダだいすきシリーズ;1」 しゅうもうきしゃしん;いわやきくこへんやく 樹立社 2017年12月【学習支援本】

「すくすく育て!子ダヌキポンタ:小さな命が教えてくれたこと―動物感動ノンフィクション」 佐和みずえ文;有田公生写真;サカイノビー絵 学研プラス 2017年12月【学習支援本】

「ピースワンコ物語:犬と人が幸せに暮らす未来へ」 今西乃子著;浜田一男写真 合同出版 2017年12月【学習支援本】

「ふるさとに帰ったヒョウ―野生どうぶつを救え!本当にあった涙の物語」 サラ・スターバック著;嶋田香訳 KADOKAWA 2017年12月【学習支援本】

「仲間をみつけた子グマ―野生どうぶつを救え!本当にあった涙の物語」 ジェス・フレンチ著;嶋田香訳 KADOKAWA 2017年12月【学習支援本】

「助かった命と、助からなかった命:動物の保護施設ハッピーハウス物語」 沢田俊子文;野寺夕子写真 学研プラス(動物感動ノンフィクション) 2018年2月【学習支援本】

「トラの子を助けだせ!」 ルイーザ・リーマン著;嶋田香訳 KADOKAWA(野生どうぶつを救え!本当にあった涙の物語) 2018年3月【学習支援本】

「キャリア教育に活きる!仕事ファイル:センパイに聞く 11」 小峰書店編集部編著 小峰書店 2018年4月【学習支援本】

「ハルの日」 渡辺眞子文;どいかや絵 復刊ドットコム 2018年4月【学習支援本】

「仲間をみつけた子グマ 愛蔵版」 ジェス・フレンチ著;嶋田香訳 KADOKAWA(野生どうぶつを救え!本当にあった涙の物語) 2018年5月【学習支援本】

「シャンシャンと上野動物園パンダ物語」 高橋うらら文;土居利光監修 フレーベル館(フレーベル館ジュニア・ノンフィクション) 2018年7月【学習支援本】

「げんきくん物語:海をわたったコウノトリの大冒険」 山岸哲文 講談社(講談社青い鳥文庫) 2018年9月【学習支援本】

「スマイリー:目の見えないセラピー犬」 ジョアン・ジョージ著;中家多惠子訳 汐文社 2018年9月【学習支援本】

「ミッション・サメ・レスキュー」 ルース・A・マスグレイヴ著;田中直樹日本版企画監修;後藤友明監修;石村学志監修 ハーパーコリンズ・ジャパン(NATIONAL GEOGRAPHIC) 2018年9月【学習支援本】

「やんばるの森:世界が注目する南の島」 湊和雄写真・文 少年写真新聞社 2018年10月【学習支援本】

「犬の車いす物語」 沢田俊子文 講談社(講談社青い鳥文庫) 2018年10月【学習支援本】

「がんばれ、アンズ!:けいさつ犬になったトイプードル」 鈴木博房作;宮尾和孝絵 岩崎書店 2018年11月【学習支援本】

「キタリス・ウーと森のお医者さん」 竹田津実文・写真;瀬川尚志絵 PHP研究所(PHP心

のノンフィクション）　2018年11月【学習支援本】

「ミッション・パンダ・レスキュー」　キットソン・ジャジンカ著;田中直樹日本版企画監修;土居利光監修　ハーパーコリンズ・ジャパン（NATIONAL GEOGRAPHIC）　2018年11月【学習支援本】

「山の子テンちゃん : 空から落ちてきた小さないのち」　佐和みずえ著　汐文社　2018年11月【学習支援本】

「ミッション・ライオン・レスキュー」　アシュリー・ブラウン・ブリュエット著;田中直樹日本版企画監修;土居利光監修　ハーパーコリンズ・ジャパン（NATIONAL GEOGRAPHIC）　2018年12月【学習支援本】

「ライチョウを絶滅から救え―ノンフィクション・いまを変えるチカラ」　国松俊英著　小峰書店　2018年12月【学習支援本】

「子ねこリレー大作戦 : 小さな命のバトンをつなげ!」　今西乃子著;浜田一男写真　合同出版　2018年12月【学習支援本】

「奈良 鹿ものがたり」　中村文人文;川上悠介写真　佼成出版社（はじめてのノンフィクションシリーズ）　2018年12月【学習支援本】

「ミッション・シロクマ・レスキュー」　ナンシー・F・キャスタルド著;カレン・デ・シーヴ著;田中直樹日本版企画監修;土居利光監修　ハーパーコリンズ・ジャパン（NATIONAL GEOGRAPHIC）　2019年2月【学習支援本】

「すてねこたちに未来を : 小学4年生の保護ねこ活動」　菅聖子著　汐文社　2019年3月【学習支援本】

「ミッション・トラ・レスキュー」　キットソン・ジャジンカ著;田中直樹日本版企画監修;土居利光監修　ハーパーコリンズ・ジャパン（NATIONAL GEOGRAPHIC）　2019年3月【学習支援本】

「ミッション・オオカミ・レスキュー」　キットソン・ジャジンカ著;田中直樹日本版企画監修;土居利光監修　ハーパーコリンズ・ジャパン（NATIONAL GEOGRAPHIC）　2019年4月【学習支援本】

「ミッション・ゾウ・レスキュー」　アシュリー・ブラウン・ブリュエット著;田中直樹日本版企画監修;中村千秋監修　ハーパーコリンズ・ジャパン（NATIONAL GEOGRAPHIC）　2019年5月【学習支援本】

「ミッション・ウミガメ・レスキュー」　カレン・ロマノ・ヤング著;田中直樹日本版企画監修;松沢慶将監修　ハーパーコリンズ・ジャパン（NATIONAL GEOGRAPHIC）　2019年6月【学習支援本】

「シルバーが教えてくれた命の大切さ : 殺処分ゼロを目指して」　マナハ;ようこ原作;緒方憂子絵;ワンニャンピースマイル文　リーブル出版　2019年11月【学習支援本】

「かいくんとセラピー犬バディ = Kai-Kun & Therapy Dog Buddy」　井上こみち文　国土社　2020年2月【学習支援本】

「しまふくろうの森」　前川貴行写真・文　あかね書房　2020年2月【学習支援本】

3 動物にかかわる知識

「ボクなかないよ！：密猟されたメジロたち」　くにすあきこ絵;なかむらけいこ文　垂井日之出印刷所　2020年4月【学習支援本】

「みんなが知りたい！世界の「絶滅危惧」動物がわかる本—まなぶっく」　今泉忠明監修　メイツユニバーサルコンテンツ　2020年6月【学習支援本】

「捨て犬・未来、しあわせの足あと—ノンフィクション・生きるチカラ；27」　今西乃子著;浜田一男写真　岩崎書店　2020年7月【学習支援本】

「さぐろう生物多様性：身近な生きものはなぜ消えた?—楽しい調べ学習シリーズ」　岡崎務著;小泉武栄監修　PHP研究所　2020年9月【学習支援本】

「もしボクにしっぽがなかったら」　チコママ文;かなつ久美絵　みなみ出版　2020年10月【学習支援本】

「人権と自然をまもる法ときまり 3」　笹本潤法律監修;藤田千枝編　大月書店　2020年11月【学習支援本】

「犬たちよ、今、助けに行くからね」　沢田俊子文　講談社　2021年2月【学習支援本】

「池の水なぜぬくの?：外来種を探すだけではない"ほんとうの理由"」　安斉俊著・絵;勝呂尚之監修　くもん出版　2021年2月【学習支援本】

「ひとがつくったどうぶつの道」　キムファン文;堀川理万子絵　ほるぷ出版　2021年5月【学習支援本】

「犬部!：北里大学獣医学部：ジュニア版—ポプラ社ノンフィクション；38. 動物」　片野ゆか作;ほづみりや絵　ポプラ社　2021年5月【学習支援本】

「命の境界線：保護されるシカと駆除される鹿」　今西乃子著;浜田一男写真;滋賀県多賀町役場取材協力;奈良の鹿愛護会取材協力　合同出版　2021年5月【学習支援本】

「この世界からサイがいなくなってしまう：アフリカでサイを守る人たち—環境ノンフィクション」　味田村太郎文　学研プラス　2021年6月【学習支援本】

「ゆれるシッポ、ふんじゃった！：子犬のきららと捨て犬・未来」　今西乃子著;浜田一男写真　岩崎書店　2021年7月【学習支援本】

「わたしアトム：ほづねこアトムのものがたり」　保護猫カフェひだまり号　三恵社　2021年7月【学習支援本】

「クマが出た!助けてベアドッグ：クマ対策犬のすごい能力」　太田京子著　岩崎書店　2021年9月【学習支援本】

「世界遺産 = THE SHOGAKUKAN CHILDREN'S ENCYCLOPEDIA OF WORLD HERITAGE SITES：キッズペディア 改訂新版」　小学館編集　小学館　2021年9月【学習支援本】

「最驚!世界のサメ大図鑑」　中野富美子構成・文;藤原義弘監修　あかね書房　2021年10月【学習支援本】

「自然を再生させたイエローストーンのオオカミたち」　キャサリン・バー文;ジェニ・デズモンド絵;永峯涼訳;幸島司郎監修;植田彩容子監修　化学同人　2021年10月【学習支援本】

「ゆるゆる絶滅生物図鑑」　さのかけるまんが;今泉忠明監修　学研プラス　2021年11月【学

習支援本】

「消えゆく動物たちを救え：子どものための絶滅危惧種ガイド」 ミリー・マロッタ著;鈴木
素子訳 光文社 2021年11月【学習支援本】

「動物はわたしたちの大切なパートナー 1」 谷田創監修 WAVE出版 2021年11月【学習
支援本】

「動物はわたしたちの大切なパートナー 2」 谷田創監修 WAVE出版 2021年12月【学習
支援本】

「動物はわたしたちの大切なパートナー 3」 谷田創監修 WAVE出版 2021年12月【学習
支援本】

「保護犬の星フリスビー犬(ドッグ)ハカセ」 西松宏作 ハート出版 2022年3月【学習支援
本】

「お山のライチョウ」 戸塚学写真・文;小宮輝之監修 偕成社 2022年7月【学習支援本】

「サバンナで野生動物を守る = Protecting Wildlife in the Savanna」 沢田俊子著 講談社
2022年7月【学習支援本】

「海に生きる!ウミガメの花子」 黒部ゆみ写真・文;奥山隼一監修 偕成社 2022年9月【学
習支援本】

「保護ねこ活動ねこかつ!：ずっとのおうちが救えるいのち」 高橋うらら著 岩崎書店
2022年10月【学習支援本】

「せかいの絶滅危惧どうぶつ：守りたいいのち―ナショジオキッズ. PHOTO ARK」 デビー・
レビー著;ジョエル・サートレイ写真;新宅広二監修 エムディエヌコーポレーション 2022
年12月【学習支援本】

「ONE WORLDたったひとつの地球：今この時間、世界では…」 ニコラ・デイビス作;ジェニ・
デズモンド絵;長友恵子訳 フレーベル館 2023年2月【学習支援本】

「元気のゆずりあい：地下室にいた供血犬シロ―フレーベル館ジュニア・ノンフィクション」
別司芳子文 フレーベル館 2023年2月【学習支援本】

「命をつなぐセラピードッグ物語：名犬チロリとその仲間たち」 大木トオル著 講談社
2023年3月【学習支援本】

「私の職場はサバンナです!―14歳の世渡り術」 太田ゆか著;児島衣里イラスト 河出書房新
社 2023年5月【学習支援本】

「神様のおつかい犬純平」 関朝之作;天乃壽絵 ハート出版 2023年6月【学習支援本】

「野良猫たちの命をつなぐ：獣医モコ先生の決意」 笹井恵里子著 金の星社 2023年7月
【学習支援本】

「さようなら、捨て犬・未来―ノンフィクション・生きるチカラ」 今西乃子著;浜田一男写
真 岩崎書店 2023年10月【学習支援本】

3 動物にかかわる知識

動物愛護

動物の命を大切にし、やさしく接することです。動物は言葉を話せませんが、痛みや苦しみを感じます。だからこそ、人間が動物を守り、大切にすることが必要です。例えば、ペットを最期までしっかり世話をすることや、野生の動物のくらしをこわさないようにすることも動物愛護の一つです。また、動物がむやみに苦しまないように、法律やルールを作って守ることも大切です。動物愛護の考え方を広めるための学校やイベントで、学ぶ機会もあります。私たちが動物を大切にすることで、動物も幸せに暮らせるようになります。

▶お仕事について詳しく知るには

「ボクたちに殺されるいのち—14歳の世渡り術」 小林照幸著　河出書房新社　2010年11月【学習支援本】

「しんさつしつのシーちゃん」 長野県動物愛護センターハローアニマル編　マリン企画　2010年12月【学習支援本】

「しあわせになった捨てねこ」 今西乃子原案;青い鳥文庫編　講談社（講談社青い鳥文庫）　2014年8月【学習支援本】

「テンプル・グランディン：自閉症と生きる」 サイ・モンゴメリー著;杉本詠美訳　汐文社　2015年2月【学習支援本】

「いのちをつなぐ犬夢之丞物語」 佐藤真澄著　静山社　2016年4月【学習支援本】

「さらわれたチンパンジー—野生どうぶつを救え!本当にあった涙の物語」 ジェス・フレンチ著;嶋田香訳　KADOKAWA　2017年7月【学習支援本】

「家族をみつけたライオン—野生どうぶつを救え!本当にあった涙の物語」 サラ・スターバック著;嶋田香訳　KADOKAWA　2017年7月【学習支援本】

「ギヴ・ミー・ア・チャンス = Give Me a Chance：犬と少年の再出発」 大塚敦子著　講談社　2018年9月【学習支援本】

「動物愛護ってなに？：知っておきたいペットと動物愛護管理法—楽しい調べ学習シリーズ」 浅川千尋監修　PHP研究所　2021年11月【学習支援本】

「動物愛護を考えよう：みんな大切な命 1」 高槻成紀監修　汐文社　2022年11月【学習支

援本】

「動物愛護を考えよう:みんな大切な命 2」 髙槻成紀監修 汐文社 2023年1月【学習支援本】

「アイデアいっぱい!標語をつくろう.2」 白坂洋一監修 汐文社 2023年2月【学習支援本】

「動物愛護を考えよう:みんな大切な命.3」 髙槻成紀監修 汐文社 2023年3月【学習支援本】

「名なしのこねこ」 とりごえまり著 アリス館 2023年10月【学習支援本】

動物福祉

動物ができるだけ苦しまないようにし、安心して暮らせるようにする考え方です。動物も痛みやストレスを感じるため、人間が正しくお世話をして、快適な環境を作ることが大切です。例えば、ペットが楽しく過ごせるように広い場所で遊ばせたり、牛や豚がぎゅうぎゅうの小さな場所で暮らすのではなく、動きやすい環境を作ったりすることも動物福祉の一つです。また、動物が病気になったら、きちんと治療をすることも大切です。動物を大切にすることで、人と動物が幸せに暮らせる社会を作ることができます。

▶お仕事について詳しく知るには

「命がこぼれおちる前に:収容された犬猫の命をつなぐ人びと―感動ノンフィクション」 今西乃子文;浜田一男写真 佼成出版社 2012年4月【学習支援本】

「明日もいっしょにおきようね:捨て猫、でかおのはなし」 竹脇麻衣絵;穴澤賢文 草思社 2012年4月【学習支援本】

3 動物にかかわる知識

スマート農業

最新の技術を使って牛や豚、鶏などを効率よく育て、安全でおいしいお肉や牛乳、卵を生産する方法です。例えば、牛の首輪につけたセンサーで体温や動きをチェックし、病気の早期発見につなげます。ロボットが自動でエサをあげたり、掃除をしたりすることで、農家の負担も減ります。さらに、ドローンを使って広い牧場の様子を観察し、牛や羊の居場所を確認することもできます。これらの技術によって動物が健康に育ち、農業がより効率的になり、食料の安定供給にもつながるのです。

▶ お仕事について詳しく知るには

「科学がひらくスマート農業・漁業１」　小泉光久著;大谷隆二監修;寺坂安里絵　大月書店　2018年9月【学習支援 本】

「科学がひらくスマート農業・漁業２」　小泉光久著;寺坂安里絵　大月書店　2019年3月【学習支援本】

「科学がひらくスマート農業・漁業３」　小泉光久著;寺坂安里絵　大月書店　2019年3月【学習支援本】

「科学がひらくスマート農業・漁業４」　小泉光久著;寺坂安里絵　大月書店　2019年4月【学習支援本】

スマート水産業

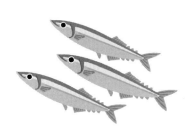

ロボットやAI(人工知能)、センサーなどの最新技術を使って、魚をとったり育てたりする水産業をより効率的にする方法です。例えば、魚の群れをAIが見つけて船を案内したり、水中のセンサーが魚の成長や海の環境を調べたりします。また、自動でエサを与えるシステムを使えば、魚が元気に育つように管理できます。スマート技術を使うことで、天候や海の変化に対応しやすくなります。魚をとりすぎることを防いだり、育てた魚を健康に保ったりすることにも役立ちます。

▶お仕事について詳しく知るには

「科学がひらくスマート農業・漁業 1」　小泉光久著;大谷隆二監修;寺坂安里絵　大月書店　2018年9月【学習支援本】

「科学がひらくスマート農業・漁業 2」　小泉光久著;寺坂安里絵　大月書店　2019年3月【学習支援本】

「科学がひらくスマート農業・漁業 3」　小泉光久著;寺坂安里絵　大月書店　2019年3月【学習支援本】

「科学がひらくスマート農業・漁業 4」　小泉光久著;寺坂安里絵　大月書店　2019年4月【学習支援本】

お仕事さくいん
動物にかかわるお仕事

2025年3月31日　第1刷発行

発行者	道家佳織
編集・発行	株式会社DBジャパン 〒151-0073　東京都渋谷区笹塚1-5-1
電話	03-6304-2431
ファクス	03-6369-3686
e-mail	books@db-japan.co.jp
装丁	DBジャパン
電算漢字処理	DBジャパン
印刷・製本	大日本法令印刷株式会社

不許複製・禁無断転載
〈落丁・乱丁本はお取り替えいたします〉
ISBN 978-4-86140-586-0
Printed in Japan

見ると勉強したくなる…
　勉強すると実践したくなる…
　　そして、実践すると…
利用者が喜ぶ図書館ができる！

司書トレにアップされた動画は
レクチャーではありません。
何を読んで何を見て
どうやったらスキル・知識が身につくか
経験豊富な講師陣が教えてくれる
動画パス・ファインダーです。

国内唯一！

図書館司書が
現場で求められる
　スキル・知識をぐんと伸ば
オンライン動画サイト…

司書トレ 登場！

あまり参加の機会がない司書向け研修。
1回話を聞くだけではなかなか自分も職場も
変わらない。

だから司書トレ

司書トレなら
「いつでも」「どこでも」
「何度でも」「PCでもスマホでも
「どのテーマからでも」

1. **動画で学び方がわかる**
2. **自分のペースで学べる**
3. **実践できる**
4. **振り返ってみてまた学べ**

完璧な学びのサイクルが
すぐできあがる

「司書トレ」スキル・カテゴリー図　抜粋

司書に必要な**スキル・知識**のカテゴリーは合計**70以上**
今すぐ右の**QR**コードからスマホでカテゴリー図の全体を見てください。

図書館司書のための 動画パス・ファインダー 司書トレ	1テーマ1動画 約30分¥980（税込） 有名講師多数

ttps://study.shisho.online/

販売元：株式会社DBジャパン